7-

MINUTE

WARNING

BAND 1

7-
MINUTE
WARNING

intro & I-II

15.10. - 09.12.2021

ANSGAR FROHNE

Erstauflage August 2022
© 2022 Ansgar Frohne
Herstellung und Verlag: BoD – Books on Demand, Norderstedt

Gestaltung und Satz
Moji Studio
www.moji-studio.de

ISBN 9783755768326

7-MINUTE WARNING

intro

a

Frühmorg der tau auf gras ist feucht und schnell, und lauter bumm lauter bumm der kanonentag ist da und will sein gold in beuteln und die beutel auf der backe kratzen im licht betrachtet wie wind in den weiden die blätter welkt ist die sonne am mond der rand am dunklen firmament im glauben an die häuser ohne boden im sog der gewehre ist der lauf schon krumm und das schießen in den eigenen rücken gelingt immer dem der zuerst abdrückt und die knallenden geschosse erreichen die stratosphäre, schauen auf die welt, sie suchen sich ein ziel und sie kommen näher und näher, fallen nicht nur, sondern sausen angetrieben von hass und gewalt und schmettern die kirchen der frommen in stücke und die kinderfetzen liegen in kleinstteilen umher, die lust auf gewalt ist die lust auf schrott im leben des anderen, den es zu unterdrücken und zu foltern gilt und die sache ist gemacht und die wege sind aus dreck der gewalt gemacht und soll die grenze blühen aus blumen mit gewehr aus denen die kugeln in die rücken der flüchtenden schießen die weg wollen und in die bäuche derer die näherkommen und die gewalt liegt wie samt in den lächelnden wangen der redner über leben und tod und der verdreher der angst in bauch und hirn der weltschrecklichen wiederkehr der schwarzen kreuze am himmel über england und ein franzose sieht die furt der seichten furten blutenwasser durch die immer die gewalt aus dem osten kommt und der polenfriedhof wächst und die schneestürme decken leichen zu und die marschierer sind würzig in ihren stiefeln gestorben, totgetrampelt im nagelbett der entzündeten gedankenströme und der fürchterlichen rache der hassenden menschen am gelingenden leben der friedlichen leute.

7-MINUTE
WARNING

intro
b

Stratter daun der gewehrige geist im zentrum aller geilen gewalt ist die wurmende niedergängigkeit der bellenden diebe hundebell und gebellte angst der meck meckernd freisager aus dem bild gefallene freibildner sind, der gut schlemmer fucken fucken fragen die weltlichen gesichter der adeligen aus der kirche um sorge der kinder die noch keine gewalt kennen und so wird sie gelehrt und so wird sie genossen und so wird sie vermehrt und so wird sie getragen, nicht als last, sondern als lust, und die kinder sollen lernen sollen lernen wie es ist und wie es geht und wie es ist und wie es geht und drauf und dran und drüber und runter und los und los und los gewaltmarsch ist geld und gut und reibungslose überführung der gewalt in kinderknochen und von den seelen ganz zu schweigen, und die massengräber der soldaten sind die burgen aus sand der kinder die glaubten sie kämen auf die welt um geliebt zu werden, und der tod ist ein freund der gewaltvollen eltern der gesellschaft im becken mit rändern aus härtesten spitzen und scharfen schneiden in haut durch knochen auf seelen und liebe muss weg und liebe muss weg und die liebe darf nicht sein und wachsen, denn sonst gibt es kein gewinnen mehr, und das größte fass ist nicht aus holz sondern aus worten gemacht und die silben sickern in ritzen des denkens und die verben brachen güte entzwei und die buchstaben kneten den hass auf konsistenz und die öfen der adjektive sind temperiert und glühen schon und die knochen zu mehl, die brote gebacken gewalt zu fressen, und wer will soll das leiden nur schöner machen und wer will soll das leiden nur schöner machen, der opti optim optimierte sang der gewalt der jagd auf den niedlichen hasen, der fuchsige liebesgedanke in lebendfalle ging und ersäuft wird.

7-MINUTE WARNING

intro
c

Jkekjr ekrj jekrj jkodfj nnvn hgh jgf jj lösdf hert bbbb dfer hjerk klkl iuiu erer ger gert ger zuhg berth mmmm kkkk lll dddd fffff wer ewe wer wer wer werwolf auf seele und sträubige haare auf faust und haut und der wollwitz ist wollwurz ist voll ist fell ist weur zurg sist blasmmd der fert fert iopü nnnn bbbb dddd feri feri asrt dert dert qwer asdf ghjk vbnm klöä üpoi kjhg dsfr hzui fret gtre cccc vvvv jjjj kkkk klkl dfdf dfdf dfdf dfdf ghgh ghgh gfds hgfd vfert glizmnest im unterstand der weißen sande ist ein dunkler sohlenschnitt sind's flöze der gewalt, doch auf sandigen wellen graugrüne gräser wiegen auf weiden der seidenden leben über die sonnigen welten der frischen blumen und die bienen summen, die liebe gedeiht und die luft ist erfüllt von klängen der anmut im reinsten gewande der liebe gegürtet mit mut und dem weltlichen sein der guten pfeile aus des putten hand geschossen ist das ah und das oh und das ja der seidigen ringe in wärmenetzen gefangene nächte sind die flügel zu fliegen über horizonte hinaus und der ruf der nacht ist ein ruf der liebe zur bettsatt sanken die locken in pracht und der ständigen lust der brummenden leiber ist das weich und haben der seite an seite und des lohns und des lohns und des lohns ist die lust an der liebe und die gewebe sind dünn aus den mündern der seidigen lüste fliegen die herzen uns zu uns zu und der reif am morgen ist die perle der seele, glitzern der nacht ist glitzern am morgen, die sonne leuchtet in seelenweiß.

7-MINUTE WARNING

intro
d

Stäjlaider gier sret gert herh dert heri bert jert kkdd fjgh bert tuii hdfk kjjd fghj klkl klkl klkl öldf dflk oier oier erer oiie ruzr tkjs dkjd fglk eroi dfkj ooo ppp kkk lll ööö mm nn bb vv cc kk ll kliebersteiger heimstrecker der vollste ist der bauch am arsch der welt im sprengelteich der häusermacher ist der erste eine fährte auf die schläge in dem hause der geliebten außenrande der festgestellte umeinanderreicher der gertenhieb im seelenzimmer der frustgelasteten umwelt der lehrer und schüler im käfig der wände aus stein und holz im lederrahmen aufgestellte zum eigenlieben verurteilte gewalt der schlagstockmacher aus stahl und riemenschnitzer aus stahl und herzen aus stahl und schwänzen aus stahl und blut muss fließen sonst hat´s sich nicht gelohnt kampfsport mampfsport sportmaschine im käfig der muskelmacher aus rufen und schreien in gummibandhosen lautmacher wegmacher der freigestellten vom betriebe der kunst aus müll und mehl und kuchen und suchen und hunde und katzen sie schmatzen und schmatzen und schmatzen nach lebendfleisch aus gemüse und die jungen tiere der kleinen viecher sind hungerleiders dürre beine machen wir euch die mandel im halse entzündet aus der augenhöhle gespritzte tränen der angst vor freude aus dem handgemenge die eheringe verloren im machtkampf um den podestplatz am straßenrand der vielfahrer und lustvertilger in sprühdosen und tetrapak die welt ist eingepackt und zerstäubt und im all das all das all von oben ist bestimmt schön und weit weg und die leute sollten vielleicht alle hinauffliegen, oder auch nicht, der mond ist schrott, noch bevor wir kamen, den mars kriegen wir auch noch kaputt, und die ehre wem ehre gebührt, die lustigen rotnasen machen witze über wale und deiche, über die wale in swimmingpools springen.

7-MINUTE WARNING

intro

e

Nono womo naudalach der haber auf der seite ist der gute ohne stiel im festen mantel geknöpfte gutsein der sumpflacher fehlbenges der zustrom an lieferanten ist ungebrochen in das werk der großen maschinen und die schlitze biegen stahl hervor und aus den feuerregnenden riesentonnen schmilzt wie lava der guss aus geflossenem heiß in die formen aus sand um der überheißen flussbiegung die form zu geben in die drähte und träger der brücken an häusern, und die flüsse aus wasser, sie fließen darunter und so kannte der stahl den zustand einst selbst und der strom an autos fließt über die brücke und zeit geht in strömen am geländer vorbei und die fließenden farben der flüssigen liebe gehen durch stab und träger hindurch, das härteste eisen wird daran schmelzen, zurück in den fluss aus lava sich sehnt der stahlring um herzen zerfließt, zerrinnt, ein flüssiges leben nimmt seinen anfang, ein neues leben beginnt.

7-MINUTE WARNING

intro
f

Derf jkl bnbn jfjf hghg uzuz zugeleimter sprachbeitrag am abend der frühen berge, als sie noch wuchsen und das tal sank in die dämmerung ein, dem heiligen blieb der wasserspruch zur taufe und der hohe kleine mit brille im rande der unscharfen worte zu scharfen gemacht will richten und sagen wer bleiben darf und die worte quellen aus leseseiten und der rastige ruht auf reiherbeinen im kleinen jauchetrüben bach wird geangelt nach kleinen fischen und dem gestank der unwahren worte und der sexistischen bestimmung der hand unter dem rock von frauen die das bestimmt nicht wollen sagt man amen, so sei es, und du musst aber und wenn nicht dann geh und ich bleibe in meinen sessel der wortmühle sitzen und drehe dein wort in eine richtung aus der meines eigentlich kommt und die grünen finger der städte werden an ihren nägeln geschnitten, dann am gelenk und dann ganz ab mit der hand und die luft, wer sollte noch atmen? ist blei und dreck und schwarz aus tonnen die müll und abgas fassen und der strom solls richten und der draht solls leiten von hie nach da vom meer bis ins tal und dann den berg hinauf und die sonne scheint auf module herab und ist geneigt uns den trick ihrer strahlen zu eigen zu machen und der faust geht die hand ab, dem arm die schulter, dem torso der kopf und die kopflose herumtreiberei der piraten auf meeren aus haferflocken und spinat ist kaum geeignet sich zu reimen und der habende wird zum nehmenden und der nehmende ist der haber aus der fruchttonne die äpfel rollen und dem alten ben gunn wird der käse gereicht, allein auf der insel, allein mit der schlacht ums wahre geld und was die oblasten der gresterzucke haben ist die getigerte klampfe der clubhostessen im blauen ornat mit gelben rändern im bus die musik nach hause fährt und aus fernweh besteigen wir züge gen norden.

7-MINUTE WARNING

intro
g

Sturmlasse los lass a lass lass a los der rontermühlige wellreider ist auf dem top der steilen stiefel ist der ton zur ungemütlichkeit im strome der gelben blattläuse und ihrer pfade in richtung der scheitel und die musik ist laut und die musik ist dumpf, so dumpf wie die lieder die dazu gesungen werden aus den mündern mit faulem atem der schon des großvaters zungenpelz an die außenluft beförderte und die hälse recken sich rötlich riechend auf zum sang über das land und seine schönsten wiesen sind weisen zur trüge auf der blauen himmelsseite die vauraketen fliegen in wirklichkeit auf dich selbst zurück und deine grußhebenden arme sind mit greifen fingern eine wand aus knochen die bleich und schwarz zu dem hause die mauern macht und die berge aus toten sind von den karnigen wegen aus nicht zu übersehen, gebirge aus leichen reichen euch nicht in lust auf mehr und dem folterknecht steht der schwanz und die foltermagd wird feucht zum schrei der gemarterten und je hilfloser alle desto größer die lust auf fleisch der menschen derer man mächtig wurde und die schwielen von peitschen geknabbert werden blut blut blut muss fließen, sonst seid ihr nicht ihr selbst ihr seid es nie seid immer die angst in euren augen ist die vor dem frieden und ein leben mit freude gestaltet zu haben und der sog der worte begann an den füßen die schuhe zu ziehen, erst, dann gab es schon bald kein zurück mehr, und aus den büchern der steinzeit lest ihr heraus dass die wahre bestimmung nur euch allein sei, und die worte aus eiter sind worte aus wunden tief innerst der seel´, die vielleicht gar nie mehr zu retten ist, denn der tod solls richten der tod ist der trost, der tod ist euch freund, der tod der tod der tod.

7-MINUTE WARNING

intro
h

Jkjk sdsd ioio erer zutritt verboten den heilenden händen auf samtenen füßen die leise sohle ist die ohne grund zum fürchten ist das eine das andere und die glutnester sind ohren die hören was sie wollen aus dem brei der fressnapf ist leer und knobelten die becher um die köpfe der menschen und aus dem wald rennt der jagdhund der hund der saum am rande ist wald an der grenze der jkjk ddf kll nmnm fddf stop o stop o stop o armenhaus armenhaus rain rain der felderpflücker geht auf die knie und sucht kartoffeln groß wie bomben und der kleine hat hunger und der rostige reifen aus draht ist ein suchen im sand nach essbarer frucht und fracht und seehäfen öffnen die türen der schiffe lasten lasten hereingerollt herausgerollt die schiffe segeln die schiffe fahren sie heben den horizont aus seinen angeln und suchen die welt mit containern heim, die fähre legt ab das auto an bord die reise beginnt die reise nimmt fahrt auf der grünen insel schauen wir straßen mit tempobeachtung und schlössern am fluss und die wolken sind so anders als bei uns zu haus und selbst das poppen macht mehr spaß am strande zur see und der knauf der türen knarzt ein wenig doch die farbe ist frisch die betten duften nett sind wir immer, wenn wir nur suppe bekommen, und der höchste hahn legt eier im turmnest der flügelschlagenden hexenbesen auf denen die mütter die kinder säugen den vater als hexer willkommen heißen, sturmritt sturmritt, der reisig aus hölzern der blutenden erde kam mit den knospen zum frühjahr hinaus, habt dank, habt dank, und nix war teurer als fünfzig cent.

7-MINUTE WARNING

intro
i

Teua treusa loos loos frelch flach beck beck lierbdjf kjkjdf kjkj dfdf lklk dfdf kkf kkf kkf kkf kk ff ff f f f f f f gleiterflieger der sonnennahe im wolkenband verschwindet die liebe welt von oben betrachtet der flug geht an und die winde tragen die fenster scheinen im sonnenlicht, grün liegt unter und blau fliegt über, und der wolkenweiße wanderweg führt in die meeresbuchten mit sand und well und well und sand und sandige wellen auf grunde der see sind wichtige worte der quallenmaid und die lossprechung durch neptun erfolgte einst über den muscheln der tiefen see und aus bohrlöchern fließen die ströme von öl und aus bohrlöchern fließen die ströme von gas und meeresgrund wandelt sich hin zum autobahnschnellen transport der gewerbeenergien zum heizen der häuser und strömen die gase und die luft wird feuchter durch stehapparate gemacht die wie toaster sind nicht nur heiß sondern knusprig machen und die marmelade liegt auf dem toastbrot zum frühstück geschmiert der vetter im amt der hohen ideen und der morgenwind hebt den flieger an, der die wolkenbandweiße sehnsucht der schlösser an rostigen türen ist, und rauf und runter und rauf und runter, die wolken sind ewig die seefahrt zur luft und die segelschiffe heben mit ab, das wasser tropft von finne und rumpf der wind hebt an in die segel zu blasen, ahoi, ahoi, der steuermann lacht, es ist die freude am wege, die freude zur see.

7-MINUTE
WARNING

intro
j

Jker jker jekk letter baumsilber sind bären im flieger der fäuste ist der erste will omom omom opop ppss frek ferk klkl imtu imtu nadd nadd trenser senser der pferdeschlächter ist auf dem weg zur koppel, er will nicht länger warten, die seile sind gespannt die röhren eng und der hals ist um die schlinge gelegt, nicht anders herum? und so der weltblick ist zuck zuck ruckezucke duck das duck das fri fri fri to bell to bell to belligerent rights is kill kill kill daun daun fire fire ap ap kill kill dddd dddd dddd dddd ffff ffff gggg hhhh trtrtr trrtr trtri ttriiii trriiiiii jrjrjrjrjrj ghghghghgg bkbkbkbklklklk imimimimimim sss sss sss stratt stratt statt sterben ist leben angesagt, die wechselbäder warm und kalt ist gut für die gesundheit und der kneippwanderer sticht wie storch mit dem bein ins wasser und mach uhh die steinmauer ist genauso kalt, der arsch auch und im gehege die rotwildhengste äsen und aus dem topf geht's ins klo und die herrscher der vergnügen sind arm an verstand denn die fracht aus gummi ist ein pfand am arsch der gruselbahnen und der eri erti erti foe ist macht mach lieber halblang und die party ist vorbei eii eii eiiii da kommt nichts an, der weg ist auf der bohlenwagen bricht die scheune ist kalt der pfad ist staubig aber ohne drive und die gurken reifen in gläsern vom fe fe festen traum zur leichten blüte und die wasser wellen auf dem halben weg und bleiben trocken wie nass und sie wundern sich über den schlechten ausgang dieser runde.

7-MINUTE
WARNING

intro
k

Aloi trimm trimm aloi trimm aloi trimm trimm aloi trimm trimmern trimmer sein ist sinner sein ist zeit um unser leben zu gestalten zu verwalten zu beleuchten zu durchfleuchten zu gehen auf wegen der diggi daggi duggawelt zu halten auf spalten der erdosozähnen die reißen aus die beißen aus leibern geformte masse der daten waten in meeren aus klicken und ficken und flugmeldedaten zur übernahme der weltwarmen sonnenlichter die über die regenbogen reichen und die farben von bunt in grau und zu schwarz verdunkeln mit bleiernen wangen die runterhangen aus schmacht nach will und atemnot die ruderschläge der galeere sind schwacher trost als rhythmus der gezeiten taugen sie nicht aber werden doch immer gerne gebucht, die südfahrer lachen sich eins übern matsch an stränden aus öl, denn da waren sie gestern und morgen geht's weiter, denn heute sind alle von urlaub bedroht, und die stichigen stile der stillosen wannse wannse wanna be are we are we are wanna be meldung zum thema der restroten lippen der schnaken im winkel der federställe in denen die hühner die eier begackern, gelegt, gepflegt, gekocht, geschält und riesensalzkörner hageln herab auf die messerspitze im leib der gehängten wenn sie lustlos wie brot von den ästen baumeln, darüber sitzt lächelnd der tod auf nem ast, pellt sich 'n ei und wird niemals satt.

7-MINUTE WARNING

intro
I

Hjhj erer ioio loblasser der hellste ist der ruhe auf der bahn nach den alle richtungen auf den zahngleisen zur fahrt in die burghöhlen der dunkelmänner und gierfrauen die auf obmänner lau den großen kleinen mist veranstalten und dabei die saitigen würmer aus der nabelwelt der unterletzten wegeweise werdenden der frischfisch frjsdkskjdks stop - stop

-später-später-

wir sind kraut kraut wir sind kraut kraut, aut out out baut der bauder bauser leise bat den batman auf der sohle die hellen firste zuhause auf dem dach ist der blaumorgen am nadelstich aus der sonne auf der rötlichen spitze der haut ritzt ist die farbe aus macht und die fingerhüte schützen vor stichen beim nähen damit der finger von der andern seite heile bleibt und die fäden durch den stoff getrieben werden und der same fließt herab im becher ist ein kind aus glas und microplanetarem seelenheil in badetücher gewickelter glücksraum mit warmem holodeck und mänteln aus rindsleder gekleidet die mannschaft zum tor hinaus dem winter die wehe aus schnee zu grüßen und die marienfelder im himmlischen garten aus frischem stroh und rosigen nüstern kommen geflogen, dem winzigen zeh die ballen zu kitzeln und das lachende kind hat allen grund dazu, freude ist mit ihm geboren.

7-MINUTE
WARNING

intro
m

Minute zwei ist minute zwei ist um der halbe wert ist zusammengefallen in minus und hahn auf dem mist ruft nach torte zum frühstück im garten leben unter dem kohl die kleinen leute und knabbern am spaten den rost zu fressen, und die ameisen tragen wider der welt die rüstung der ritter in schatten und schächte der nadelnden burg aus wald gebaut und der turm oben auf, nicht dem hahn? doch dem hahn ist! und der gockel ruft und die enten schnattern und der frühe fall der gelben blätter in diesem jahr den herbst locken will, der baum die rinde zeigt und die kargen äste laufen davon, gesägt, geschnitten, auf hängern den weg aus dem wald kennenlernen, und das mühlen der mahlenden mühle ist sägespan aus knochen der blumen und der trost gespendet in samtweiche beutel mit holzrand im kirchenschiff die segel gesetzt zum sturm ernannte sexualität der jungen leute auf den scheiterhaufen bannt und den raspelnden worten ungeschützt, die ohren sperren sich nicht, so der leichte lauf des lebens eine enge naht genäht bekommt, die groben worte der feindlichen herren in anzug und mantel die messer versteckt und die braunen horden brunzen die feuer der rache, um dem leben den stoß zum tode zu geben, und die zeitung ruft heil und zeitung ruft heil aus ihren zeilen heraus und merkt es nicht? egal, der brand kokelt gut in medienglut der neuen rechten ist die zuckerschnute vorangegangen, den weg der folter und todesmärsche süßlich zu machen, das tor zu öffnen, der darkness, dem tod.

7-MINUTE WARNING

intro
n

Stander stander rufen hören taugen die worte zum frühen tode der demokratischen welt auch wirklich? denn ein paar jahrzehnte nur, das ist wenig! die macht soll wieder auf thronen sitzen, die macht soll wieder erniedrigend sein, die macht soll wieder die kammern füllen, die kammern der dürren menschen aus haut und knochen, die macht soll wieder folter sein, die macht soll sagen was allein ihres ist, die macht soll helfen den tod zu bringen, die macht der worte ist ihre schneide an schwertern der teilung des lebens in hälften, der schlachter zieht die gedärme heraus, das herz zuerst die seele wird folgen schon ganz von allein, die schlächter wetzen die messer, die schlächter wetzen die messer, die worte zum zuckern gewürfelt, kandierter hass, geschmolzen, die worte zu lutschen als hassbonbon, die stiefel knallen auf asphalt und teer, die stiefel marschieren in häuser und höfe, die stiefel marschieren die kinder kaputt, blutige hacken, blutiger schaft, die stiefel der worte reiben den brei für den tod in den öfen, der thron aus gewalt ist längst schon errichtet, er wartet nur auf den mensch mit dem kissen, seinen arsch drauf zu pflanzen bequeme zu sitzen, die stiefel knallen auf marmor und gold, die throngeile macht über den kellern mit ketten, räume zu knästen, folter und raub im gesetze verankert, und schweigen für alle, das spätere schweigen, wenn´s niemand mal wieder gewesen ist.

7-MINUTE WARNING

intro

o

Terror taut terror taut terror taut nicht nur in der wüste sondern auch in gut geheizten wohnzimmern der verkäufer und käufer von waren und handel der mitte fehlt die mitte, die ränder waren mal rand, die mitte ist rand, verdrehte mitte, die mitte hat angst, die mitte macht angst zum geschäft der verlorenen reiche in schmerzenden häuten der gestorbenen kaiser und ihrer reiche wird das alte bleierne heil gesucht, eine mitte zu haben die kronen nicht nur als geldmittel kennt, die silbernen dornen sollen stechen, den, der von außen kommen mag und was außen ist und wo innen herrscht, es eine sache des standpunkts ist, und die schönen augen sehen nur hass und die schönen nasen riechen nur blut und die schönen münder sprechen nicht wahr, und die angst vor sich selbst nicht genug zu sein ist die sprenggrößte kraft, die angst vor all dem, was lieblich ist, was ruhe bringt, was heilung ist, was frieden heißt, die angst frisst herzen und köpfe kaputt, die angst die angst die angst zu verlieren, die angst nur immer zweite zu sein, die angst zu lieben, die angst zu vertrauen, kontrolle, kontrolle, die angst muss faust und geschrei verteilen, die angst in den knochen ist angst vor verlust, die angst ist so groß wie zerstörerisch.

7-MINUTE WARNING

intro

p

Stacker track der fällende rotmacher ist der breitschlager hepp off the ground to conquer too much fliederwelt ist flugschreiber auf boden gestürzt und die kimme ist korn und der buchmacher frisst das buch der zahlen ohne ende drauf zu wetten, dass sie nie enden? und der schrei aus den kisten der kartonagen in kartons ist die pappe des lebens auf draht sein und schnauze nach vorn mit vorstehhund gedachter ohrenspitz ist der lefzenhohe dogfight im runde der gesellschaft und beiß und back und beiß und back und raus a springe geht a nicht, die leine ist zu kurz und der knopf am mantel fällt hinab, der faden war zu dünn und hat nicht gut gehalten, der knopf ist gleich einem ufo und die nachricht steht geschrieben, die astronauten haben klos mit saugapparatate und der fuß auf dem pedal ist die macht der geschwindididi und der hebel am handgelenk ist die uhre der zukunft, die dich misst wo du gehst und stehst statt der zeit, wie's früher mal war, und du drehst dich wie einst der zeiger im kreise deiner hundeschule und der fight ist dog der underdog nur nicht zu sein und der napf glänzt silbern und der fuß auf dem pedal ist durchgedrückt und volldampf ist uns gerade gut genug denn die schieber sind aus der puste gekommen, so haben wir den antrieb im arsch und der pustet uns hoch in die zeilen der ungeschriebenen gesetze und die des buch mose oder in das nie vergessene internetbanking mit ranking samt kontoauszug aller dogfights.

7-MINUTE WARNING

intro

q

Denns benns fenns treten treten näher treten treten treten fester treten nach unten unten treten treten treten ist gut wenn du erster bist, schlecht wenn du letzter bist, gehen ist treten der füße voran auf seilbahn dünner streckenführung die räder drehen vorn und hinten kurbeln kurbeln röhren in den berg hinein und die schlitten fahren in die kammer der kohlegruben runter geschaut vom turme der frischen luft und die gondeln schaukeln im winde der lauen fürze und der gestrige wehklagemann ist heute auf einmal wieder im kommen der da ruft: es sei so gemein wenn alle sich an die regeln halten, und darum ist man selber fair, weil man es nicht tut, und die welt dreht sich enregge genge, die welt dreht sich auf mord, die nagelstecherhäuser stehen allen offen die sich daran bedienen mögen und der reißzahn der doggen wird steiler gespitzt und schärfer geschliffen und die bänder am halse, sie halten nicht auf sondern stacheln nur an, und die grauen decken reichen vom kinn nur zum knie, die körbe aus stahl sind glänzender bach aus steinhuder rosen die duftend den wettlauf entschieden haben und die kammern im berge sind kammern aus stahl und die stahlharten worte sind berghoch getürmt und den bulldozern drehen die ketten durch, den berg falscher worte hinfortzuschieben, die wahrheit am ende herauszusieben, ein körnchen bleibt übrig, die bulldozer keuchen die wahrheit frei.

7-MINUTE WARNING

intro
r

Klesseter stopp a round der fasten belt ist um den hals und stirnknopf drückt wer sicher wähnt die hand auf schirm und scheitel fährt und der lustige sang der blutrauscher märsche ist gar nicht lustig, und die fallenden bäuche vom fett sind kaputt und der sturz geht ins laub der verlorenen träume die einst einmal von oben herabgerieselt kamen, hingen schön und grün in sattem duft der frühen jahreszeit und waren es gespinste einer verlustangst oder was? und früh war gestern und spät ist morgen und mittendrin die ware kaufen, sonst hast du nix zu tun, wander, wander, blühende blässe ist schön wenn sie glänzt und nicht zu vertragen mit schwarzem dark der barden aus gold und der trugweite denker ist schlau und gerissen, seine worte gesucht, die miene beflissen, treulieber blick auf das ende der liebe, sein schatz ist der tod aus des teufels kiste die spinnen kriechen, das mieder zu eng, die festung geschnürt, das lächeln geplant, die möhre vorm esel an leine hängt, parken, parken, solange noch platz ist, die claims verteilt, die gräben geworfen, knarre im anschlag, wir schießen mit blei.

7-MINUTE WARNING

intro
s

Stecker stach in nabelwelt der wirklich gehörten der lastenschwere überhang der knallenden gewehre ist die mutter natur vom vater erzogen zu strammer hand und starker faust, die glatten wände sind aus leder, die glatten dächer sind aus schnee, die heißen tage werden kommen, die pferde in herden gen horizont fliehen, die zäune sind hoch, der draht ist spitz, die gräben aus sorge reichen bis in den tod, die kleinste liebe ist eine zu viel, der schönste vogel liegt schon im visier, die hand fährt kralle gen leben aus, die fürsten der schläge sind längst schon im haus, die körner sind grün, die milch, sie ist sauer, die felder verdorren, es kommt schwarzer schauer, die fahne aus blut ist die fahne aus hass, in blechdosen orden, schwerer als brot, ziehen den teig hinunter, hinunter, komm reise mit, komm reise mit, wir brechen durch grenzen, wir halten schritt, wir blieben nie stehen, wir wollten nach vorn, erste sein, doch dies ist uns längst und schon lange zu wenig, zerstörung zerstörung, wir sind schwarzer tod, fressen, fressen, du wanderst am morgigen tage in hohem bogen zu unserem goldenen after heraus.

7-MINUTE
WARNING

intro

t

Äste feste fullenstasser herzu biggest ist des strotten am hals gesetztes messer der vielfalt aus tocken tacken teck der fruchtrongende salzeimer im haus gemachte dreister winnster zum beil gelangte hand der strocken tocken tacken teck der ponker penkert pur im puls der zeit ist immer noch platz für mehr, besonders geld und armut, und der losspruch ist die mahd zur weide der leisen berghöhle aus schaum und nässender wunde hinter dem ohr vom tragen der schutzbrillen die man braucht um dem ganzen noch ins auge sehen zu können aber die brillen sind schwer, rötlich der blick und die haut auf gesichtern wird brüchig und es kommen draht und relais hervor, alles was mensch so schluckte und er und sie zuckte am strom auf zunge im bauch und unter den füßen war aller boden verloren selbst der blick aus dem all war nur kurzes hellmittes um mal die sicht verändert zu haben, die blauen wasser färben sich schwarz und der vulkan speit nicht nur feuer und stein sondern knochen und bein und der frühling solls richten die blumen solln blühen, wir reden heute vom morgen als wären wir alle darin schon versammelt uns selbst eine krone zu schnitzen für die guten ideen die wir gestern doch hatten, und waren sie kaum mit fingern zu fassen gedanken sind schneller als der fliegen surr surren surr und das surren der ahnung vom elektrischen stich ins herz des privaten, wir sehen euch nicht, wir sehen euch nicht, einfach, weil wir's nicht wollen und der bequeme tod besser gelingt als einer auf dem floß der medusa geht es weiter voran, wir treiben, wir dümpeln, wir stratten auf see den fährigen weg von hie nach da ohne spur zu gestalten, die fässer sind leer, die ohren verstopft, der magen knurrt vor angst und gewalt.

7-MINUTE WARNING

intro
u

Düster darke exemplare der heilen welt aus fraß und gummi ist die liebliche ernennung des kaiserlichen gedankens zur umarmung der welt in tiefstem schwarz gelingt das gähnen des friedens bevor er eingeschläfert wurde, denn wer bräuchte ihn noch, den alten packan von der zeit aus besseren tagen? und die panzer schlittern auf ketten ins tal, die grünen felder werden zu matsch, der braune sog ist die sichel am halse der kinderernte und die alten werden mitgefressen, seien sie auch zäh, und den guten gründen der vernunft zu glauben wurde per gesetz und dekret in den arsch getreten und das hohe lied der stratten gewalt ist die faust im kopfe zu schlagen drauf und die wütenden wölfe sind von tollwut befallen, den sinn des lebens in tode zu wandeln, die jagd des menschen nach reichtum und glück ist der schwertstreich im glanz der rüstung aus gold, und das tal quillt über, hoch bis über den berg, die leichen poltern die hänge herab das tor der gewalt noch weiter zu öffnen, schreie statt worte sprechen kanone, kanone ist brot, die wolken sind rot vom schein der gewaltglut, selbst auf seen und flüssen dickflüssig schwimmend, aus bechern tropft schaum, den mund zu füllen.

7-MINUTE
WARNING

intro
v

Pong steile benges, der hart ist gut denn der schlag tut weh und der soll richtig sitzen im genick im gebälk in der mitte der welt der flug ist der tiefe über die mahd und das korn und der reife saft ist gut schon gekeltert, das reifen der reben ist sommerlich schön die garstigen weine sind sauer und braun, die wühlenden worte sind ebern der stoßzahn und reißen schlitzend die bäuche auf, bäuche, gefühle und liebe zu fassen, die totbraune suppe kocht über den rand, die hände zittern im gewaltengesang, die ringe aus macht werden stetig geknüpft, bänder aus tod sind bänder aus leben der menschen gewesen, sind rostige türen hinter darkfaulen gängen, gerüche der angst steigen stechnasig auf, die flimmernden haare, sie gehen ein, worte wellen, blicke brechen mit dem härtesten stahl den direkten weg in euer herz, wir stechen ein, wir hauen drauf, wir würgen die liebe bis sie blässlich erstickt, schwärende wunden sind der einzige quell den wir gelten lassen, totquell, totquell, überfluss fließend die lust auf gewalt, strecken a tecken a tacken a tot.

7-MINUTE WARNING

intro

w

Steu a steu a stremm a stremms der federt federt auf und ab mit den beinen der hohen kunst ist der stiefelabsatz nie zu hoch und dem reiben auf achtung ist ein rufen vom hof der kaserne und die schlauen leute gehen aus und die schlauen leute gehen mit und die gurte sind aus silber und die stühle haben lehnen aus glas, den rücken auch von achtern zu sehen, die nackten tragen haare aus stoff und die ruderschläge auf den wassern aus tee sind die grünen berge im spiegel der zeit und das triebliche gebaren der wälder im grunde der täler ist der abwarter auf die rauen steine der geröllawine und das rautern und poltern der bergspitzenmütze ist das erwachen der riesen in den hütten aus stein und sie schütteln die schultern und sie rütteln den schnee und sie greifen zur sonne und zerquetschen sie, darkness for ever ist die ruhe im tod, der himmel war gestern, heute sind wir zu klein um noch so weit in die höhe gelangen zu können und der marsch durch den urwald lässt uns die affen begrüßen, die freunde von gestern, unsere verwandtschaft im baum, und die grinsenden leiter der reiseveranstaltung reden vom pfirsich in unserer hand, er schimmelt und schimmelt, die säfte zerfließen, die ernte wird schwarz, das bächlein verrinnt und die jungen tiere sind ausgestopft, noch lange bevor sie laufen konnten, und das ohr ist brüchig, das maul erstarrt, die pfoten sind auf einen ast genagelt und die dornenkrone hängt staubig im schrank, die arbeit daran lässt die finger bluten.

7-MINUTE
WARNING

intro

x

Die schöne frau ist in weiß heut gekleidet und die summenden bienen bringen honig heran und das leben ist da wo es schon immer war, in den falten der liebe und den blumen aus love, und die hellgrünen gräser, sie sehnen die sonne samt licht herbei und es wird ein gelingen der frühen feste und das feiern der liebe ist der orgus der lust und die höchsten gefühle sind die breitesten bänder auf denen wir lächelnd durch das leben spazieren und der grund unten hohl ist die prüfung zum mut und die sonne lacht, der mond steht uns günstig, die pfade durchs moor sind fest und trocken, die heiligen wege sind uns sicher und schutz, die gemeinschaft im leben ist der sieg übern tod und die hellsten sterne sind lichter der menschen die nie vergaßen das lachen zu stimmen und die berge aus sorgen sahen sich glätten im trockenen zug der sicheren inseln und die boote schwimmen, die schiffe dampfen, die segel gesetzt, das leben zu feiern, die matrosen der arbeit schaffen den tag, die männer und frauen und alle dabei, die keinen so alt genannten namen noch tragen, die bäder sind warm den schmutz zu vertreiben, die tücher sind frisch und die haut leuchtet tief, einen weg von seele zu seele zu bahnen.

7-MINUTE WARNING

intro
y

Stettn dett rett ist die welt im fluge der fahrbahnen ist die höhe nicht entscheidend nur die geschwindigkeit ist unser trumpf der alten asse im fliegerhimmel raunt der motor dem piloten zu: ich kann nicht mehr, und blieb dann stehen, die heutige welt ist der kurbelgedrehte umlauf der äquatorialen nimmersättigkeit von nord bis süd und die bohnen reifen und die erbsen quellen und die rübe macht schicht nach dem kochen im topf auf dem herd ist die platte noch heiß und die eistropfen eiseln die rinnen herab, dehnen sich und werden schön, die meute ist satt, die hunde schlafen, die roten röcke hängen am mast der zufriedenheit, die schnelle fahne ist im winde zerrissen, die äpfel liegen im feuchten gras, die matten farben der dunklen autos spiegeln das licht der sonne kaum, fehlender saum führt zu stickiger nähe die so in der form ja gar nicht gewollt ist und die überheizten räume der innenwelt sind die der gelebten melkeimersongs und das spritzen aus zitzen und das fischen im meere ist verwandt mit dem buddeln nach schätzen im eigenen garten und die sonne leckt dem mond die wangen und er strahlt das licht auch nachts zu uns, und die sterne sind müde vom hellen klirr der fensterrahmen in den häusern der menschen ohne geld und der wachtturm späht über die köpfe hinaus, die armut zu killen, die armut zu füttern, das drahtige ende der vielfraßens lust ist die tellerbesteckte morgenschlacht am besten tisch zur aufstehzeit und die hemden sind dünn, denn der stoff ist so teuer und selbst die reichen sind arm in ihrer sterilen pracht der grubenhäuser aus diamant und zungengrund.

7-MINUTE WARNING

intro

z

Stauleiser heb an der rechten seite ist ein gruß der untergänger und der frachterweile sind die gewichte gegürtet die musik in tonnen zu tragen aus denen der müll schon quillt und das hohe lied der frucht aus dem tal der weiden ist der klee am hange der glücklichen finder und der unterschlupf wird ausgebaut zum hause der folgenden generationen werden ihren spaß noch an unserem atommüll haben niedel diedel di und die frechsten freunde sind die, die dir gutes wünschen aber schlechtes denken über dich und deinen ruf, ist der mal geschädigt, dann, wir wissen ja wie´s weitergeht, und jeder ist sich selbst nicht der nächste sondern der beste von allen, und unser bus ist groß und seine sitze sind weich und die fenster sind hoch hinauszuschauen, doch sehen wir nichts nur den straßenrand an dem der pöbel die flaschen sucht, die einst unsere vollen wänste noch vollleerer machten und die gräser wachsen über die pfandflasche hinaus und umso schwerer ist sie zu finden, und das soll ja eigentlich auch gar nicht, denn wer nix hat, der soll es auch behalten, denn sonst wären wir ja einem angriff unseres wohlstands ausgesetzt und den zu verteidigen da machen wir alles um ihn zu zerstören, und die fäuste im sack der gewalt sind die schwarzen nächte der tobenden gesellschaft über dem grund des freien falls und des wetters ist der regen, die wüste und der schnee, und die füße laufen auf allem untergrunde, sei er heiß, kalt oder auch verschwunden, so gehen wir fest mit der hand an der zunge die wahrheit vielleicht doch noch herauszuziehen und am ende der unsinn ist keiner gewesen, der gedanke ist frei und der urlaub im winter muss in die sonne führen oder wenigstens dorthin, wo es wirklich ganz eisig zu nennen ist.

7-MINUTE
WARNING

mn

I - 1

Stärke denn da taut sie auf der gehen ist der stehen im weltenlauf der hab und gut ist der steh und greif und dem freistatte helm ist der ton zu laut auf dem grunde der wiesen ist der fuß der büffel ein druck in den matsch der geschichte vom rande der äußeren schwärme, fleißig im moore den wassern gewicht abzugraben, und die fäuste schlagen auf die kinder im watt und die schlitten donnern zu laut durch den schnee und das halbe leben ist schon so schwer wie die monde, die um die fernen planeten kreisen und der geschwinde aufbau der streckenlinie ist die verbindung von gut zu bös und der haltebahnhof ist die stelle zum umstieg in das leben aus glas im warenkorb der hühnerhabichte ist das ei gut getarnt und der friedensruf gellt aus kehlen des muts, doch in die rinnen aus wachs kommt bewegung zu fließen hinab zu bilden ein schwert aus eisen muss sein was töten kann, und die wagen geladen mit hoher fracht ist die strecke geschafft ist der markt erreicht? und das poltern kommt dem gehör nur zugute, wenn es auf leuchtende augen trifft, und das murren im sande unter den sohlen der knechte ist ein ruf der warnung aus den fallen der gelder, und die kürbisrot leuchtende kraft der gesichter ist die freude am nehmen, wenn auch nichts zu haben ist, in die leeren kammern wird der tod getragen, rasen und erde sind die zier grauen steins, wände der welten rücken näher zu malmen den frieden auf erden zu küren den fürst der gewalt und der mann ohne haut bekommt seine sense geschärft, sichel zu sicheln zu sicheln zu scharf.

7-MINUTE
WARNING

ie

I - 2

Streck dacken tor die füße tragen den wind hervor und die leisen läufe der gehorsamen schuhe ist der sohlengrund auf dem die laufenden wacker den weg bestreiten und das reisende heer der garstigen galle quert durch die wälder der hoffnung im grün und der fellstarke bär hebt die tatze zum gruß und der schlag ins gesicht lässt die pranke krachen und der heuwagen duftet nach frühjahr und fest und der fertige wagen ist hoch so geladen im schritte der tiere ist das banner gezogen vom ende der welt bis zum anfang hin und die mulis im berge treten die räder zu schaffen das erz in das licht hinan um den steinigen werken eine form zu geben, welche schlagen, richten und anzeigen kann wer der meister im hause der toten ist, und der kleine vogel ist der federn verlustig, fliegen geht nicht, hüpfen gelingt, nackt und hungrig der vogel im käfig, die federn zieren den frauenhelm und der fahrige plennter ist der eisige sturz in die hänge aus gold in die hinein alle wünsche reichen, und der flug gelingt, wenn die rakete zeigt wo das all nur liegt im dunkel der zeit ist der mond gekratert, die luft ist es auch, und den klammerglatten räumen aus furcht wird der zusatz gegeben das öl zu schmieren, die reifen drehen auf felgen und rund ist der weg vom strande des lebens in die wasser aus macht, drin zu ertrinken, die boote schaukeln auf wellen der weißglut und hörigen dolchen.

7-MINUTE
WARNING

et
I - 3

Talos talos der freude ist der grund entzogen wenn die festscharfen richter im geheimen bleiben ist der ruf zu laut um nicht gehört zu werden braucht es wenig und der fallensteller ist einer am herd der öfen und der lust aus allem weniger als es ist zu machen, und der gerttttttttttttz im berge ist der falter im licht der beschaffenheit und die lichter leuchten, grell zwar, doch schön, irgendwie, um die treppen zu laufen sind die stufen erfunden hinauf durch den ton und des meisters grunde der farben zu streichen die häuser bunt und der garten erblüht und dem schuss der kanone wird die erde gehoben wenn die bomben nur treffen ist der blume ein flug aus dem garten gegeben und sie fliegt hoch und schön ist ihr letzter gruß zu vergangenen zeiten, des heckpfennigs ist die wiederkehr des gezahlten krieges im voraus, die stecher bereits die ziele erkunden, häuser umrunden, den wert zu schätzen, den den jkjk jkjk jkjk jkjk jkjk juckenden buckel abzureiben mit sand und schrauben das drehen zu lehren hinein in die knochen, die mühle dreht fleisch, drehung drehung die kreuze verduns wirken beklommen, den wabernden giften ist der schrecken genommen, sie werden erneut in flaschen gefüllt, die lieder vom wahnsinn sind alt wie der stein, vergissmeinnicht, der krieg wird in wiegen aus knochen gehätschelt.

7-MINUTE
WARNING

tt

I - 4

Streck dacken deut streck dacken deut streck dacken daut streck dacken deut a deut a daut a diert a diert a diert a trasst a trasst a trass a trass a meder mader miederweg ist meg ist meg ist miedermeg ist tracken strack a deut die darsen ist der fram a fram a framer fram der trannste der dierste der kleinbeuler buhlis der gertige wertige der all stracken dar der dar dekker dier das diem das diem der track tacker diem ist die ofenschlucht im maul der gräber, ist der fall im all aus luft wird blei im schall dem schall dem überschall fliegt sie gekugelt und die fächerschüsse sind der strack im gürtel der patrone ist noch platz für mehr und die jagd ist der fellauf der bauchschnitt ist weich zu wenden die haut nach außen hin, im flügel im flügel die kraft zu fliegen und die musik entspringt den tönen aus draht im kleide der vögel flieg a flieg a fliegvogelstahl ist die glut im heck der düsenden gase ist der schnellste bringer der leisen bomben die husten die husten die husten das track dar felle ist der husten aus schmerzen der luft die nicht atmen kann ist der track dar dar felle ist der track dar dar fell ist der schwan auf dem see ist die schönheit der bomber ist die track dar dar felle ist die haut ohne haar ist die track dar dar felle ist track dar tar fell, die kohle glüht im track dar tar felle die tar dar tar falle ist die lust auf den strack dar tar dar.

7-MINUTE
WARNING

ky
I - 5

Derlau das derlau im lau ist der frust ist die sucht auf den sieg ist die luft weggeblieben ist die hand an der mütze zum ziehen der sorge das haar zu sehen ist der müllbeutel blues am abend des tages ist die schonung des friedens zunutze der schlacht und die heere ziehen im bann der musik und das schlagen der trommeln ist der herbst ohne laub und das strecken der seile ist ein hängen am baum wenn die häscher den knebel in münder drehen und das laut ist das leise im gemüte der welt ist die bronzene schlacht ist das ende der welt und die kinder aus bäuchen der schaumigen kraft des rötlichen kampfes ist die suche nach toten in den leibern der frucht von den ästen gestürzte nahrung der menschen in den boden aus glut, verdampft, vertrocknet, verdorrt ohne jemals getragen zu haben, und der schnelle marsch auf die felder der kämpfe ist die bereitung des mahls mit der suppe aus blut und die kräftigsten sieger sind die größten verlierer, das leben ist schlachtung die schlachtung ist leben, zu saugen das mark aus den knochen der toten, zu saugen zu saugen das mark aus den toten, zu saugen zu saugen das mark aus den toten, mehr saugen nur saugen, die pfeifen aus knochen blasen den marsch in erneute schlacht.

7-MINUTE WARNING

vi

I - 6

Tell dieser lai a tell dieser lai a tell dieser lai a lieb ist a liebe ist leibersatt im bettgeflüster ist der steil aber hang der fertige fühlt die frische im frühling der fliegenden herzen ist für immer der burg die mauer genommen und die hohen wände fallen zusammen, die gräben füllen sich ganz von allein, ebnen sich glatt und die herzen erblühen nach dürriger nacht ohne lust und liebe ist die seele allein und der fahne wird keine bedeutung mehr sein, denn die grenzen sind fort, die zäune? was war es noch gleich, störend denn trennend, was diesen namen einst trug? und die flächen grünen und die wege sind schön, der lichten sonne wird die wärme gegönnt die sie gerne doch gibt und der reim ist auf liebe gedichtet und nicht auf den hass der alten zeiten in denen die dächer zum schutze vor stürmenden wehen der ängste aus festigem teer und schwarzen pappen gerichtet waren, und die lust ohne kampf sich am andern zu freuen ist ein sieg ohnegleichen im hause der menschen, geblieben für immer, für immer geschützt, die mützen der kinder sind warm gestrickt, im winter die kälte vom ohre zu halten, die eltern foltern nicht länger das kind, gewinner zu sein.

7-MINUTE
WARNING

kp
I - 7

Die darkfaule pracht der darken priester im hohnenden geist der gewalt ist der finger im herzen der schutzlosen menschen ist finger im auge der werdenden welt ist die macht des kreuzes ein schwert zu sein, gekehrt, gewendet, ist's der pakt mit dem kriege, auf dessen geheiß die soldaten das trauma vermittelt bekommen noch längst bevor sie soldaten sind im hause der ängste gemachte gewalt und der darke priester geht hand in hand mit dem kriege gen tod, und der darke priester schnupft leis um die seele in not die er selbst erst erschuf um dem tode die reiter auf schwarzdarken gäulen zu hande zu geben, die macht ist das schwert, die macht ist das kreuz, die darken priester strecken dem tode vor, sie künden vom leben in himmlischen sphären, sie künden vom leib in den die nägel zu stechen sich finden müssen um einst der befreiung von sünde gewachsen zu sein, darker priester ist nagel, darker priester ist kreuz, foltert das wort und bringt es zur tat, darke priester suchen den bund mit der macht, auf erden, auf ewig, zu bilden das reich der schatten des krieges, verbündet, verbrüdert mit mördern zu zechen.

7-MINUTE
WARNING

el
I - 8

Dark darker darken dark darker flight ist die somme ist die marne ist die schlacht um den berg, ist der tod in der luft ist der tod unter see, ist die flut aus gewalt in das becken der leben aus denen doch einmal was werden sollt´, ist die starkfeste hand um den griffschwert gewickelte macht der muskeln im hemde aus ketten zu wehren den schlag auf das sonnengeflecht, es zu trümmern, zu schlitzen, zu stechen hinein, die nerven verkümmern, die nerven vergehen, nerven verkümmern, verkümmern, vergehen, sie rinnen und rannen unter den nägeln der finger in rosigen fäden gen boden hinaus, die hirnlangen schlaufen des denkens verdunkeln, verdarken, sie sterben und dorren im schädel umher, die augen zerfließen, sie sehen nicht mehr, nur blutrausch der blutrausch vermag noch den sinnen feedback zu geben, verstumpfer, verstumpfer, seelen sind fort, zerronnen, zerronnen, die schwarzen muskeln strecken sich aus, den schlag der schläge bald hochgradig hochschlag auszuführen, die dunkelsten nächte waren heller noch hell als der darke kampf um das letzte stück brot und den wassertropfen am letzten halm, der den durst nach liebe lindern soll.

7-MINUTE
WARNING

og
I - 9

Stern des fliegens hoch ist ein runter auf füßen wenn der treibstoff verdampft ist die masse an luft die schwingen zu tragen war sie stark genug einst gewesen, doch die heiligen schwerter durchtrennten die riemen der verbindung zum heil, welches nie eines war, und der pflüger im felde der unwahren worte kehrt und kehrt sie von links und nach rechts und das los ist gefallen auf die krume zu bergen die wahrheit im untersten fache der tonnschweren trüge neben den keimen des wahren und wer wollte richten das wort für die tat dass es niemals geformte wörter ersann? und die seiten der bücher aus formeln des trug ist die dichte der zungen unter klebendem zahn ist die schwarze stelle ein kariessäugling der angstweller denke und die macht ist geboren aus den worten des trug, das säugen vollzieht der wille zur macht, und die haare stehen zu berge ab geht der pfad hinunter, doch wo steigt er an? wie führt der weg aus dem kreise heraus? das laby das rinthe ist grad erst eröffnet, die zungen schnalzen gewalt hervor, die nasen laufen alleine fort, auf der suche nach feinden, da schnüffeln sie rum in gerüchen der angst, die spur der verfolgten führt zum hause aus stroh, gefackelt, gebrannt, die nase noch immer ihr opfer fand, in taschentüchern gelblicher schnäuz vom gelblichen trug, die trugwarme glut, die trugwarme glut ist die glut hinter augen im denken der menschen aus angst nährt sich allübertönend wortwasserfall trug.

7-MINUTE
WARNING

qt
I - 10

Hell trennser hell trennser zügel am kopfe der stobenden pferde ist die gerte auf flanke ist der stachel im hacken der stiefeldurstigen groß, und der werrn werrn werrns der weiß gar nichts darüber und die geschichten erzählte er trotzdem so, als seien sie passiert und wahr und es sei alles entschieden, es gäbe kein zurück mehr in die tage aus frieden und weichem grund drauf zu laufen ist gut für die füße und das wandern im leben ist gesund, vom gebrauche des fußes zur flucht ist dero nichts bekannt geworden sind die gründe fast zu spät, aber es reichte noch aus, die leine zu ziehen, denn wo stacheln gen menschen weisen ist schon irgendwie alles kaputt zu nennen, auch wenn man sagt es sei deren schuld den frieden zu schleifen, zu schmachten, zu kommen ohne gerufen zu sein, die staubigen bärte sind auf dem wege gewachsen, den frauen die haare, den kindern die angst, lust a lusster die gewehre zu heben in richtung von fleisch ist vergnügen zu sagen wir waren es nicht, drenn drenn drenn renn renn renn so lange die kugeln noch kratzen im lauf der gewehre ist immer noch platz für die nicht gesprochenen worte des stachelstoßes, die stachel, die stachel die stacheln ritzen in die häute der opfer die namen der täter doch niemals nie zu lesen sind.

7-MINUTE
WARNING

kj
I - 11

Strenger daun da haun da streng da wenner ist da feister ist gut in den bahnen auf den gleisen ist die butter geschmierte brote sind die in der pause und das zimmer ist rot und das zimmer ist blau und die füße gefroren ebenso, die mützen im winde sind der schlitten am ofen der offenen feuer ist der geschürte brei am abend schmeckt gut in der warmen stube ist das kissen weich und die himmelbedeckten gedanken der rostigen ahnung vom leben woanders ist das leben und lieben der ameisenbunker im alltäglichen stacke dack, und die hellsten gedanken verfliegen im morgen der grasbewachsenen hügel ist die kuppe gemäht und dem mönch der scheitel ein breit geschnittenes haar ist, aber die gedanken, die unseligen tiefen sündergedanken können trotzdem seinem kopf nicht entfliehen und er greift sich die kinder und er greift sich maria und er greift nach dem kreuze und betet und betet sein heil zu erringen? und die hölle auf erden wird oft so oft von der kirche bereitet, nicht dem teufel, der immer als böser herhalten muss, und die schmierenden finger der grapschenden priester sind die würmer im torso verlassener liebe und die stürzenden bäche aus tränen ersticken das feuer der gnadengebete, die bibel zerknittert, das wort gebrochen, die bänke im seitenschiff knarren vor gram, die schweigende masse ist das schweigen aus, ja was eigentlich? und die herren und damen im blanken ornat mit frisch gereinigten zähnen zur predigt die gläubigen blenden.

7-MINUTE
WARNING

dc
I - 12

Kranichflug, der kranichflug, fliege, fliege, sonne, winter, moore, wasser, federn, rufe, kranichflügel auf und ab, der zug gen süden reißt nicht ab, der flug des kranichs geht gen süden, kranich, kranich, spitze vorne, reihe hinten, kranichsang der flügelweiten ist der vogelflug auf linie über bahnen trassen straßen wege, hoch da oben fliegergruß, vom boden betrachtet, seidene fäden heben den vogel sanft in die lüfte empor, good speed you, grey emperor! und die grazilen stelzen der langen beine wiegen sich in den luftigen raum der schwebenden federn und die rufe erschallen, die beine gestreckt, die vögel weisen dem winter die bahn richtung meer und der spanischen seen, herüber, herüber, und und und der zug entgegengesetzt aus menschen besteht die davon träumen die meere zu queren, so wie es die vögel am himmel verstehen, an der grenze gestachelter aufhalt gegeben, maschinengewehre warten schon, die schüsse wollen die luft zerreißen in derer die vögel darüber ziehen, und die hubschrauber drehen rotoren so laut und die kamera blickt auf den schwarzdunklen strom aus menschen im wald, und die kraniche ziehen, die kraniche ziehen, von norden, von osten, sich sammelnd im westen gen süden gen süden, flucht dem winter, der mensch flieht ihm auch, doch wird jener flug in die freiheit, ins warme, durch stachelbandeisen und minen verwehrt, kronisch, kronisch, kranksich, krane, gitterstachel, hoch wie krane.

7-MINUTE WARNING

cp
I - 13

Tarn tarn tasser tarne dar tane dess ist wess ist wessen west ist western life ist west ist western west ist eastern east ist beinahe dran am haltebruch der stahlgekerbten lederbahn aus krumen am leibe der würfeltiere ist der kanten eine länge von dreimal herum ungefähr im nichts ist das wenige viel, und der brausende orkan der geldvermengten handelsmacht ist der container zur see in umkleidekabinen der freicorpskultur badenden seeschlachtleute, mit bambus im kronengeflecht der wiegenden palmen ist die sonne durch blätter ein schatten zur zeit und die hohlen gräber der folianten sind leer, die bergbauern suchen nach festem gepränge zur abtrieb ins tal und die hühner fliegen vom hofe ins stroh, eier zu legen, eier sind froh, die redlichen hühner stehen gackernd davor, der freischütz zielt und die eier sind doof, genau wie der text, er findet sich nicht, die mühle dreht stein auf stein, kein korn kommt herein, die würfel, sie fallen zum becher heraus, sekunden sind's, leute, mit zahlen drauf, die dächer der häuser sind pfannengelegt, die streifen am himmel sind flugzeuggefegt, die wolken, sie streben, sie streben im blau, die minute ist um, noch nicht, noch nicht, doch jetzt, gleich, genau.

7-MINUTE WARNING

se
I - 14

Stackk lackker daun, die herden sind groß wie buttereimer im willen der großbeuligen hosennaht auf stumm geschnickte mittelsmänner, der brotkorb aus ruhe und gonz ist der will ich mit süßigkeiten ausgefüllte wirklichkeit haben muss sein, und der adler im fluge überm gelege der meisen, er lacht und lacht, und die vielgötterfruchttorte aus marme und lade ist der geist der schönheit im magen der hänglider frühaufsteh spätkommhaus sind die arbetter arbetter arbetter stahl und taste und die gürtel so eng dass die lungenspitzen sich berühren, nichts zu fressen nichts zu atmen, die luft ist verkauft zu hohem preise, die sauerkeit der atmosphäre wird in geldern bemessen, der saturn sieht sich der ringe entledigt durch die fliehkraft der wirtschaft um den zentralen punkt ist die zentrifugale drehung dreh schneller dreh als das karussell ohne bremser wird durch die kirmes drehen und eine schneise der zuckerwatte tut sich dahinter nicht auf und zu gemacht die münder vor staunen was geht und was nicht und die hohen räder der windigen mühlen sind in luftiger dürre die fetzen aus geld hängen im stacheldraht aus mehr und bilder der binder sind mit rot umwickelt, ist es liebe oder ist es blut? und die fäden spinnen aus köpfen ohne mut zur wahrheit im genick ist der puh ein lautes am hofe aus pudding und macht im bauche herrschen plus weinlacher lach mach.

7-MINUTE WARNING

hl
I - 15

Goldscheißen goldscheißen goldscheißen scheiß goldscheißen goldscheißen goldscheißen scheiß goldschmeißen goldschmeißen goldschmeißen schmeiß goldschmeißen goldschmeißen goldschmeißen schmeiß goldscheißen goldscheißen goldscheißen scheiß goldscheißen goldscheißen goldscheißen scheiß goldschmeißen goldschmeißen goldschmeißen schmeiß goldschmeißen goldschmeißen goldschmeißen schmeiß goldschmeißen goldschmeißen goldschmeißen schmeiß karamelle ist der tag mit winkelmütze aus papier zum lach a lach a lachemach ist gut ist gerne ist spaß im kerne ist die schlüsselübergabe an karamellzähen witz auf bick und bück ist penges laut ist penges kaut sich einen auf der empore zum fasanenmarsch im garten der kurzen shots an die wand gepieselt und der turbotrinker aus der flasche fopplach ist der witz a witz a witzerweile fastentag der krümel im bart aus der strenge des tages gebrochen ist, die felle haben löcher, die körbe sind leer, die lust auf mehr macht das wenige zum alltagsbraten, und die fühler gestreckt zum schneckhaus heraus und die jubelnden straßen heben den teer zur stadt hinaus und das volk und der könig sie pennen im stroh, a bumse a bumse a buntlasser los ist der friede im tank der bierflaschenhalte am kopf getränkte pudelpracht und am mittwoch wird gefegt.

7-MINUTE
WARNING

ur
l - 16

A spass a mass a lassedass a reiden reiden reiden reiden fellerster berstert a zummster hof der richtige weg ist die entscheidung zum halten am punkte der genauigkeit und die sprache zu barrieren ist die denke ein strenges zum haben der rechte über alles außer den genauigkeiten und der fehlherbe bruch der pass passagiere ist der goldborte spruch der gelenkten gewalt zum halse heraus die mörder schreien die raten zu zahlen sei doch gewollt von allen das schweigen nannten wir die folgezeit und der herbste herbst ist die dürrste dürre zum frosten der welt in die winterschlacht hinein und das frühjahr ist weit und das frühjahr bleibt kalt, in diesem jahr, so wie es der sommer im letzten war, kalt und kälter die welt und welter ist fast ein wort das neu sein könnte, aber nichts weiter aussagt, und der trüben traber ist der schritt der gleiche und die zügel sind straff und die zügel sind lose, und der wagen steht auf offener plain und der gaul schlägt aus, vor freude kein ps mehr zu sein, und hufe schlagen den boden im takt der gewonnen welter, hier ein wort das sinn bereitet, und das horizontengefilde mit halbrund im blau des himmels in enger umarmung zusammen liegt und die frühen lichter sind die glühwürmer zur nacht und die nachtkerzenscheine gehen im dunkeln auf und der sommer badet am winterstrand, die tücher aus eis mit frottee aus schnee, und die brillen beschlagen im dunste der kälte und der wagen zerbricht allein ohne wert, die häuser schieben die giebel empor, schindeln rascheln geheimnisse der dachböden hervor.

7-MINUTE WARNING

md
I - 17

Stannster well die hauben sind offengelegte ohren haben gehört wie gesagt wurde dass es ist aber war nur nie so und das andre war immer auch wahr und so wie da ist es so lieb immer bei dir angeschmiegt das wahre ist okay wenn es gut ist und die geneigte leserin in sonderangeboten blättert und nimmt was sie bekommt aber nicht was sie verlangt ist etwas ganz anderes und seite um seite geblätter geblätter kataloge kataloge und der weg ins bunte ist das herz in rot wenn man nur liebe draufschreibt ist noch lange keine drin aber das haben wir gestern auch schon mal gesehen, wiederholung wiederhilung wiederhulung, der gute film ist um, und die pause ist gar keine sondern das was man einen neuanfang nennt, sofern es einer noch nie war der neu war ist was, ein anfang erst jetzt? aber okay, besser als gar nie gar nix ist schon genug von dagewesen und die gäste klimpern mit den gläsern richtung lippen und die augen richten den rollladenkasten runter den schlechten geschmack der vormieter im badezimmerfenster steht geschrieben dass die leute nackt dahinter wandeln wenn sie körper pflegen und das wasser ist gut und die haut duftet von seife und creme und die haare fallen luftig auf die schultern wenn die sonne ins bett geht stehen wir erst auf und machen mit, den weg in feierlichkeiten und vergnügen haben wir auch bei der arbeit, wenn wir sie machen ist es mehr als nur das geld verdient man nicht im schlafe außer im labor, wenn zugeschaut wird wie man pennt, aber der bettmacher straffzieh ist die kante am bahnenlangen schlafprozess der lebensverträumten zeiten aus esspapier geschaffene versuchung die auf der zunge zergeht wie die nacht zum tage wird, den morgen grüßt und der weg aus dem kino ins richtige leben führt.

7-MINUTE WARNING

pl
l - 18

Stanger das da dett is gut is dette is gut ja gut ist aller mut darf schon etwas sein kann es auch, denn anders teere sind zäh am hacken der füße ist die kleberei besonders hinderlich wenn sie vom straßenrand geleckt ist und mit dem wege nix gemeinsam hat und der strudelfall ist die bohrung im hub der zylinder machte es chapeau über den guten witz, my friend, die lacher sind auf deiner seite ist das meer am blausten wenn die weißen segel der sklavenschiffe darüber fahren ist das weltall so klein wie ein kammerkleiner gitterrest im kalten haus der angst und schläge wird der putz schon von der decke fallen und das dach sich seine löcher schaffen das regenwasser einzulassen, den boden zu tränken, den boden erweichen, den türen den fressenden rost zu bringen, die schlüssel verbiegen, die mauern wanken, unterspült wie sie sind, und der knast geht unter im weltenzerfall der kleinen und der großen sorgen ist die blühte der pflanzen zur freude geworden, wie mach macher mach mach ist die gute fahrt nicht in den tod sondern der kommt von allein schon früh genug, drum brauchen wir nicht lange nach ihm suchen und die zeit damit vertun, nein, nein, die guten tagen wollen welche sein die nur eine gelegenheit bekommen möchten und die steht jeden morgen gemeinsam mit uns auf, folgt uns bis zum wasserhahn und schaut noch in den spiegel, und was herausschaut und uns an, das sind wir selbst in der stimmung die wir machen, und lassen wir uns hängen ist immerhin noch zahncreme da, und die fliegen zum frühstück auf der marmelade werden unsere freunde.

7-MINUTE
WARNING

in
I - 19

Klassterte er wirklich so herum dass es eine tonart gab, die vorher nie gehört war es aber trotzdem ganz gut zu bespielen denn der rasen war frisch gesät über die rüben gewachsen aus denen die ohren wuchsen, grün, wuschelig und schmackhaft, die rinden, denn zu sauer waren sie, schälten wir ab, gaben dem wasser des topfs auf dem herd die richtige temperatur die möhre zu garen aus dem essen wurde leider nichts, denn der strom war ausgefallen, der topf vom herd gerutscht, die kaffeekanne bekam ein leck und die tauben auf dem dach gurrten hallodri dazu und es kam die polizei und hörte sich im verhör die möhre an, die aber konnte nichts dafür, so wurde es später auf der wache festgestellt, auf der die röhrenden jeans der knackattefeiren lümmelbienen und fuchsschwanzteufel die stühle zerbrachen unter dieser exzentrischen note, und die gute nachricht ist: dass es morgen bestimmt eine geben wird, die reisen dauern an, nur das moos bleibt am platze, auch zum besten preisangebot der ferienflieger, festgewachsen auf stein und morschem holz, die ostereier bald zu bergen, bunt wie sie sind mit grünem kontrastmittel versetzt die föten zu finden, und das gelbige ei der klebenden masse ist der strohfeste hut mit blume im seil, und das tollhaus aus wörtern macht was es will, rumpelnde, stumpelnde geschi gaschi gesch geschichten.

7-MINUTE WARNING

yq
1 - 20

Gemmerte es hämmerte auf die dächer aus heu und der regentropfen saugte das duftende aus dem starren gras in sich hinein genauso gut zu riechen war eine kunst schon damals als es noch caramba gab, und die frischen hüte sind auf dem teller der rosigen bedarfshalte ein runder schub der rädertreppen auf denen der gelln gelln gellende ruf der schaffner eine heisere note bekommt wenn man nicht gezahlt haben sollte man schon bevor man einsteigt und der glockenhelle klang der bimmelbahn gen hölle ist ein anfang zum fortschritt der gestrigen ideen auf denen die bücher ruhten ist ein stromloser hingucker geworden und der grell grellhöllig hölle strafanzug der dürren menschen reicht bis in unsere zeit und weit darüber hinaus, nur, wo sind all die mörder? wenn wir nicht achtgeben sind sie schon hinter uns mit dem revolver geladen uns in die brust von hinten durchs auge zu schießen denn das können sie genauso gut noch heute wie sie es damals schon taten und der herrenmensch im schlafanzug sieht fürchterlicher aus als noch in uniform, aber der revolver geht immer mit, selbst ins bett und ist er schutz und schatz und bumsersatz und die frie frie friedfertigen sollen sehen wo sie bleiben, sollen brei und die kartoffeln reiben, der panthersprung nach agadir ist unser erstes wort auf dem weg in den krieg, und nur die gurgelnden wasserläufe erinnern noch die asche der verbrecher, als sie gen kloake trieb, ganz rau war der geschmack, und die wässer schütteln sich noch heute vom geschmack der görings und der goebbelschen verdrecke der welt.

7-MINUTE
WARNING

VX
I - 21

Jarraster heller bell da bell ist die funzel im stroh über dem balken der darken gewächse aus klammerhalt und drunterliegen ist die oberführende meinung zu bestehen im wandel der zeit kann alles passieren und passiert sein ist vorbeigegangen, ebenfalls genannt ist der name der königin ohne namen im kleide aus gold und die helden feiern ihren mut, den der königin ist gemeint, und die lippen, zunge und lungen sprechen worte aus, gut sind sie gemeint und wohltätig der klang ihrer stimme und dessen was sie sagt und die ohren der in kettenhemden gescheuerten seelen der krieger es zu hören nicht gewohnt waren, von liebe sprach sie, von güte und von den kindern ohne angst, und die ösen aus eisen der hemden aus stahl lösten sich beim worte der königin und fielen eins ums andre zu boden herab, lösten sich knoten in den herzen der welten, geschlungen, geschlungen, geschlungen aus macht, und den klingenden teilen der stählernen hemden folgten die schwerter, die von gürteln rutschten, und im sande zu füßen der königin um gnade baten, für jede grausame tat, welche durch das dasein der kriege verursacht war, und die helme krochen von den häuptern der krieger, der schwere schutz ward nicht mehr gebraucht, die dolche sprangen vor freude herum, nicht länger die lebern und nieren der menschen zu stoßen, und die geister des mordes wurden zurück in die flasche gebannt, und froh waren sie, wieder an ihrem platze zu sein.

7-MINUTE
WARNING

fg
I - 22

Darnns der welle ist die höhe zum fenster hinaus gegangen sind die vögel als sie versuchten es den fischen gleichzutun, zu schwimmen hinaus, nur die flossen sind ohne federn flügel, stop o go a drauf, die harnische glänzen am horizont, das heer fängt mit der brust das sonnenlicht, es bricht die strahlen auf schwertern und lanzen, die pferde wiehern, die augen sind starr, die männer schwitzen, das gras duckt sich verstohlen um nicht getreten zu werden unter den hufen der pferde ist der staub aufgewirrrbelt von der vergangenheit an die niemand erinnert werden wird jeder einmal daran, was ist denn nur los mit euch wird es schon werden, auf, auf, in die schlacht, die hengste fahren den penis aus, die stuten wackeln mit dem arsch, der strom an kupfer gebunden ist und die rohre sind leitungen zu leiten das thema der schlachten, so weit, so weit sie nur reichen können, über berge und täler durch meere und flüsse, durch jahre und zeiten, der strom fällt über nacht aus den wolken herab, elektronen drängen umeinander, die reibung macht satt, elektrizier elektrizier, die weihnachtsbäume brennen mit strom, der jahrmarkt wird gefüttert, die krähen suchen nach resten von mohn, in den schnäbeln tragen sie die häupter gefallener krieger werden hoch in die lüfte erhoben, und wenn die haare reißen, dann fallen sie polternd herab.

7-MINUTE
WARNING

It

I - 23

A vier a vier a vierunddreißig ist die halbe der achtundsechziger waren, ja das waren noch zeiten, zeiten umeinander streiten die herben harben horben dachten an die denke der erdachten dunkelheit die eine wirkliche wurde und die vögel fielen vom himmel herab, als sie die reiche der darkness zu queren suchten, die würmer im boden zergingen zu gold, das machte alle menschen froh die einen spaten besaßen, brote aßen und den rest der welt vergaßen sie mit dicken backen auf der bank vor dem haus, aber zahnschmerz lässt sich aushalten, wenn der termin zum zahnarzt vor der tür steht, und die gammelnden wurzeln vereiterter zähne kamen zum vorschein durch die kiefer op, und die faulen gedanken, an die war schon schwerer heranzukommen, denn das hirn sollte erst noch an seinem platze verbleiben, helfen die zeit zu vertreiben, und das auge sah den wurm aus gold und die möwen pickten mit lust und hunger danach, drum gab es erstmal möwenfleisch, denn die müssen alle weg, die uns was nehmen wollen, da vergeht die gnade, da vergeht die gunst, die federn gerrrrupft, gekaut, vergessen, aber die betten sind frisch gemacht und der topf darunter, den gibt es gar nicht mehr, die nachtruhe zu stören kamen wir in euer land, unsere helden brauchen euren tod, ihn sich in goldenen würmern an die brust zu heften, und das dach ist hoch und die wand ist steil und die fenster vergaßen wir einzubauen, herauszuschauen, das lohnt sowieso nicht, bauder hin, o bauder hin, wälzen, walzen, tränentrocken geht die welt, die abseiler, abseiler, abseiler kommen, schlagen haken in den fels.

7-MINUTE WARNING

VO

I - 24

Jetlager heim ist der düsenstarke flug über den bodden der wasserfläche aus salz und ohne meer ist der reetdachleger auf der leiter höher hinaus als der pfarrer mit der bibel geht immer über den stollen der untergründigen welten spazieren aus denen der jagdhund bellt wenn die meute durch die landschaft fliegt ist der kranich auf dem weltende versammelt und die ostersee ist die wassernasse natursteinmauer aus brick, dort geht's nicht weiter, und die hunde bellen lauter und die meute läuft schneller und die vogelfluglinie über den sund ist der weg geradeaus zum ziel, sofern man eines hat, und der brückenpfeiler mit der jahreszahl ist eingemeißelt ins land mit der hand mit dem schuh und dem beton rieselt schon im neubau etwas herab und wenn er trocknet ist die arbeit bald getan und fängt von vorne an, rüber holt über, rüber holt über, geschäfte ist das ladenmachen in bau aus holz und glas und die räder quietschen im matsch der regenschlammen wege durch die der wald gesehen und befahren wird, hin zum leuchtenden turme am strande der see zu sehen sind lichter bis weit rauf aufs meer und die stufen zählten wir leise, jeder für sich, und den wind spürten wir kalt, jeder für sich, und die finger froren, die brillen beschlugen, das mauerwerk erzählte vom leben der wärter, von der pfeife im bart unter krauser stirn ist das denken zur see hinaus bekannte wege führen und die schiffe leuchten ihren dank zurück und die fische kreisen klug unterm bug, dem netz zu entgehen, und rund wie die pfanne ist der lebenslauf der muscheln im schlick.

7-MINUTE
WARNING

hy
I - 25

Stettnattre wäj a wäj is nokke daun a dokke daun a deckte sich mit den geschichten von früher und die ziele der kanonen haben dieselben koordinaten gesammelt um zu treffen ist der erste schuss so wichtig wie der zweite, der muss sitzen, aber der dritte tut es immer, davon wissen die artilleristen zu erzählen, und die panzer kamen und menschen traten den weg nach hause an und die seuche der knochenmacher ist die sense unter dem mantel als die vertraglichen gesetze gebrochen wurden und der mauerwerker ist der am ende der leiter und er spricht: die arbeit ist getan, und der kiefernwald ist versteck und der bunker ist grau und die armee ist rot und die helden sind tot und der mord, der mord blieb ungesühnt, und die schwaden aus fleisch und blut sickern in der gegend umher, dann ein, in die gedanken der verschwiegenheit, und das wasser, treibe wellen, und der wind, wehe wolken, und die zeit verinnt verinnt verinnt im sande der strände die fußsohlen knirschen und das treibholz fragt sich wo es angekommen ist, und die kanister sind leer, bleibts treiben im meer, gefangen im gelben netz der phosphorbombe wird das brennen zwar verboten, aber sie hält sich nicht daran, und das schnorcheln durch rostige weltkriegsgranaten am grunde der see ein kitzel für nerv und lunge ist, die gummidichtung wird zerfressen, der sauerstoff ist aufgebraucht, doch zu schön der anblick der bunten quellen aus gift und gafft der mensch den krieg, schaut euch nur all die verlierer an! und das wrack steigt auf, der knochenmann steuert, die schiffsratten nagen am bein der besatzung, die fahrt geht an, der krieg muss segeln, den wind blähen wir gemeinsam aus unseren nasen hervor, only the winner takes it all.

7-MINUTE
WARNING

fx

1 - 26

Siebenfünfzig vier ist der grad auf dem ring zu drehen die zeit in richtung der gesammelten werke aus dem aderlass geschriebener wörter der hinterbliebenen ist ein vertrag auf zeit mit dem glück, denn sieben jahre will der teufel seinen dienstboten binden, und die herrscher aus schwarz sind tot ist der mann mit der nickelbrille auf jagd nach rotwild, möwe und mensch, und das zielen üben wir am tier, und das schießen üben wir am tier, damit der munitionsverbrauch nicht zu hoch hinaus wächst die zahl der verfolgten und der treffer im rücken: wenn sie fliehen ist der spaß besonders groß, und die waffe im anschlag ist der finger am abzug ist der wille zum töten ist ungebrochen und der stiefelabdruck im schnee lässt dem häscher das wasser im munde laufen die verlierer um ihr leben, doch deren ende ist nah, die räuber lachen, die schützen lachen, die richter auch, denn so leicht war es noch nie ein urteil zu fällen für die gewalt ist immer eine lösung, daran glauben einfach zu viele, und das recht steht geschrieben, das unrecht auch, dort, wo die tinte unsichtbar ist, vertrag vertrag mit dem lächeln der mörder, und die tropen sind heiß, die arktis ist kalt, die meere tief, die berge sind geschmolzen als die steine begannen ihre tränen zu weinen, und die flut aus trauer zog den humus mit sich, die felder blieben neu zu bestellen, der dünger war frisch, das lächeln der mörder hinfortgespült, durch das neue gesetz der gerechtigkeit.

7-MINUTE WARNING

qx
II - 1

Jennerbecker baldachin aus haut gestopft mit haar ist die weltenrunde bekanntmachung den toten die schuhe zu nehmen, damit fing alles an, der reißend grabende ungehaltene stoß ins herz der frau ist der mann am ende der berechnenden welt und die goldenen kühe werden zu pfeilen, geschmolzen, geformt, die spitze muss blutig sein, sonst ist es nix wert, und die haltebuchten mit schiffen aus haut liegen mit den segeln aus haaren geflochtene seile stemmen sich gegen den wind der vernunft und die zickzackbahn der freude ist die erste runde der gewalt, denn die geht immer umher, runde um runde, beißt sich selbst in den arsch, guckt sich ins loch und ruft hinein: die namen der gerechten sollen vergehen! denn die will keiner sehen und hören, nur gutes vorbild kann sein, wer den härtesten schlag verteilt, und die lacher auf der seite der mörder schaufeln löcher zu stopfen mit toten und durst nach kartoffelsuppe zwischendurch, denn die arbeit, sie ist hart, genau wie die herzen und wir lach und lachen darauf reimt sich schmerzen scherzen, schiedsrichterlaune ist gegen das gesetz der fairen behandlung darf niemand entgehen und die blauen träger an den hosen mit latzen sind zum tragen der stoffe gedacht und die windmühlen drehen den kopf richtung macht und die müller drehen den sack richtung frau und die frauen drehen den hals richtung flucht und die macht dreht allen das wasser ab, schlappgelacht zum ende der zweiten runde, ausgezählt ausgezählt liegt der lebenswitz am boden, spuckt seine schönen zähne aus, drei zwo eins, schluss.

7-MINUTE
WARNING

jb
II - 2

Renker der dettert auf die ohne alle fahne ist der wind ein ruhiger stop im nichts der winde ist der wind weht aus welcher richtung ist der kirchturm in trümmer gegangen, war es nachts oder schon hell genug? die türen sind aus dem rahmen gesprengte öffnung zum verschließen der augen vor dem feld der verwüstung ist die geschlossene anstalt der wirren ideen in die tat umgesetzt wurde was eigentlich gar nicht geht und dürfte und trotzdem gehen wir weiter und über leichen, wenn's sein muss auch im karnevalskostüm zu pfingsten, wenn alle sprache auf den häuptern leuchtet war der erste mai schon gewesen ist die sommernacht im juli um die sonne steht eine finsternis zu dunkeln die ränder dessen was uns doch frohe zeit bereiten sollte ist der miesmuschelberg auf den wällen der stadt lagern türme aus eisen und dem drehangelpunkt der zugbrücke ist der bolzen gebrochen ist der friede, denn die worte sind hoolöh geworden vom klopfen darauf auf holz zu stimmen den aberglauben in die richtung der ideen ist der faustschlag ins buch der altvorderen wissenswelt, und die fürsten zwitschern sich zu, die hänsel und gretels im mondschein auf suche nach dem hexenhaus, das muss sein, sonst wird die geschichte keine und das märchen ist aus bevor es noch beginnt die neue zeit mit mohnbrot und analogem käse im kaufhaus brötchen zu verdienen ist das geld überall auf der straße liegt genug davon herum, und die stiefelsohlen klackern auf dem asphalt des vergnügens ist noch platz für manchen stern und die hände im beton ist schon mal ein anfang der karriere ist die runde ums haus, raus zur tür, rein zur tür, der rasen liegt zertreten, ist zum pfad nach gier geworden.

7-MINUTE WARNING

rq
II - 3

Bolder haun ist der freckengester hirtenruf auf dem mond wachsen kühe zur stunde heran ist der flugapparat im sonnenschein der freilichtbühne wird der tanz gespielt vom herzschlag auf die bundesjugendspiele im theater der rennwelt ist die außenbande von bedeutung, billard billard ist der kugelstoßer auf der au, und die löcher im teppich, von ratten gefressen? vom wahnsinn entdeckt? vom staubsaugersauger ins reich der elektrosmogbeutel geschluckt? egal egal, es wird schon gehen, die gäste kommen erst am freitag nach hause wenn die party etwas länger ging es schon lang nicht mehr ist nicht genug von allem ist dem becher übern rand gegossene vernunft zu kleckern beim klotzen und die vernunft saugt sich in die tischdecke ein, gewaschen, getrocknet, mit duft versehen ist die frische der nacht wenn die blüten sich schließen und die bienen in wabigen betten schlafen, dann gibts paaadie, und der turbotoaster toastet turbodicke marmelade direkt mit dem heißen draht auf dem die vögel sitzen und singen vom flug in den süden, wenn die ringe an den krallen den weg anzeigen, dann sind sie unterwegs gesehen worden, denn der ring an der kralle ist die fußspur der flügel zu folgen dem wege unbeschildert doch bestimmt, und die weite des meeres ist keine gefahr, eine kleine vielleicht noch um ehrlich zu sein, das schiff mit dem mast aus goldenem holz ist der nikolaus a laus a laus a nicht der kapitän, sondern die golden hind kapert den feuerscheißer, die bunte kuh den haifisch, piraten in schnellbooten werden aus der not geboren.

7-MINUTE
WARNING

ub
II - 4

Jkjk erer tert ert zui zui zuzui postamenter befund ist haben ist grau auf weiß ist pudelwohl versus garstiger pudel poubellende gesternfahrende halbleiter in wasserstraßen des politverkehrs ist die kreuzung a nass as nass as nass a nass a as ist trumpf auf dem spieltisch spielt musik a ri si ko a lau lauder lau lauder lau o lau o lau lauder lauuud is a darrrrnster dell a dell dellte der kugelfannng durch große beanspruchung am hinterteil die gürtel festeziehen und die pappkameraden schrien um hilfe, doch zu dünn war ihr jammern, und der stahlhelm wollte ein kochtopf sein, als er noch glaubte, es ginge ruhig so, doch ließ man ihn nicht, drum blieb es dabei, die schüsseln speisen den hungrigen mund, die gabeln füllen den hohlen zahn und die bleiplombe versiegelt die sprache zur wahrheit haben wir alle in der letzten zeit nicht besonders viel beigetragen zu der denkfremden verdrehe des präsidenten und der opportunisten im glanze des schrecktopper toppen ist der flügelmann rechts außen schon immer gewesen und der marsch auf die salzbergwerke ist gedanke daran das essen zu versalzen, das ganze leben ist eigentlich gemeint, und die atomlager strahlen den restlichen müll dazu ab, und die wirkung der strahlen sieht man nicht, so wie das messer in des mackies jacke nicht, und spricht und spricht und spricht und spricht amen amen amen die wölfe haben hunger auf den hermelin am kragen der fürsten, und die fürstin geht im glanze zugrunde, groß war ihr name und groß der verlust um ihr kluges wort, saß sie zu gericht, weise und gut, klee klee no kerker no, zu zu zuzu zu zum zumm zummm ende hin bleibt noch etwas übrig?

7-MINUTE
WARNING

yf
II - 5

Heulader duft ist auf dem wagen die morgenzeit gestapelt auf der bahn zu fahren ist das rad geboren worden wie die zeit im kreise gedreht ist der baum am wege eine lebensform für sich auf der wand der ständerhäuser ist die mauer eine eingelegte pflasterwelt zum hof hinaus führt der weg in die wälder und felder in den staub der arbeit und den schweiß der hitze im sommer das stroh zu laden hoch und hoch und höher, ziehe, guter gaul, auch dein winter wird ein warmer sein, nur zieh an zieh an, vor dem regen muss alles in der scheune sein, das goldene stroh, knisternd, piekend, sommerfarbig auch die blumen, sie stehen in der vase, manchmal auf dem feld, der wiese, dem wegesrand ist sie eine zier, unsere schöne mutter blume auf dem hohen grünen stiel, und die hasen schlagen räder am rande des waldes liegt der alte schatz vergraben, buddel buddel buddelschiff zur see hinaus und rudern rudern wenn der wind nicht weht, und die boote mit menschen sinken vor calais, lebensträume sinken mit, herzen auch, stürmisch stürmisch wird der herbst, die lichterketten brennen hell, doch fragt man sich, wieso? die grauen wolken sind vereint, der nebel liegt im garten, novemberfäule steht der sinn den winter zu erwarten, drinnen hell und draußen kalt.

7-MINUTE
WARNING

rj
II - 6

Streddner der verheerende der grobe devastator ist der bahnlistige trümmerer der fahrstreckenlänge über die kaimauer lehnte der seefahrerblick auf dem kahn aus äpfeln machen wir mus zu essen den pfannkuchenbrei und alles am samstagnachmittag, wenn alles andere erledigt ist, die brüste sprießen aus betten hervor, die arme weich, die muskeln schlaff, die hängematte des lebens ist aufgespannt, zu recken die glieder zu strecken die arme und beine richtung pause ist gut und darf sein ohne dass jemand weitermachen! schreit und die hellen farben leuchten auf dunklem untergrund besonders gut hervor wenn die nächte blauschwarz sind, dann sieht man uns nicht, die tage sind stur wie mauerstein, doch die speiskelle trägt den flüssigen zahnschmelz zwischen den zähnen ist etwas hängengeblieben, tomate, wann aßen wir die? ach ja, letzte woche zum geburtstag, und die dreisten sprecher erheben das wort, laut und lauter als man es hören wollte, donner donner der wotan im halse der schmalen bärte ist die gelungene überführung des nichts in hört her, und der fallstrick am boden, wir spannten ihn straff, die stürzenden rufen unser lachen hervor, haha.

7-MINUTE
WARNING

yy
II - 7

Harungsende der habende ist der vorteilsnehmende im recht wenn er danach gefragt wird war es immer schon okay, längst bevor es überhaupt losging, und das ziel ist so nah dass wir es übersahen als wir endlich dort ankamen war das entsetzen groß über die flachen steine im flachen wasser führte der weg über die clapper bridge und die brücken waren noch längst nicht erfunden, da raubten wir einander schon sorgfältig aus, stein um stein schleppten wir fort und der schatz aus moos wurde ein lager für den groll und die regenwolken regnen sich ab, immer über unserem kopf, das wissen wir genau und das haben wir schon oft erlebt, wir sind immer arm dran und der kuchen im ofen, er wartet schon drauf erfunden zu werden, denn süßes leben ist all unser ziel, die schlitzer kratzer kindermörder heben das bein an bäumen und den ausgefärbten mauerecken, daran kann man sie erkennen, und der schlagende beweis der gewalt in der welt ist die organisierte verfügung der macht zum kriege, selbst das straflagerkäuzchen kündet nächtlich von mehr: die werden schon werden schon lange geträumt haben uns das fell über die ohren zu ziehen! drum angriff angriff ist die beste verteidigung, robot a robot a kill o machine, sei gegrüßet o robo o robo der schlachten, o robo o robo o robo to kill, nie schlaffer penis im roboterkrieg wird die erektion zum alltag der dauerkämpfer mit strom und porno des zerfetzten menschentraums, der einst ein leben mit robotern war.

7-MINUTE
WARNING

gu
II - 8

Strettner dar das derte er im kugelkopf der fische ist die blase zum schwimmen ein wichtiges hirnteil zu treiben nicht nur hin und her, nein, zu schwimmen in der tiefe des weltalls liegt der sternenfriedhof und der raumschiffgarten ist auf dem oberdeck mit gummiblume und ramschrasen geteerte naturvermeintliche begrünung der dächer in den hausgärten des schlosses ist der wassereimer hochzutragen auf dem dach der penthouse porno sparopreise liegt die macht der haselnuss im kobel der genusshörnchen, und der leichte flakbeschuss auf schwere bomber tut ihnen gar nicht weh, denn es waren nur die platzpatronen, die zuletzt noch übrig waren auch die stahlhäutigen wassermänner unter dem strand liegt nicht nur das pflaster, auch die knochen der ertrunkenen wurden entdeckt, weich wie sand im ostseekalten schiffsunglück der riesenkäne ist der tobsucht und der technik zu verdanken, das war noch nie eine gute mischung, und die frachterlader hintertüren sind elektrisch schon geöffnet, eierschmalz und kuchenrieb, das sind die ausgewählten daten an allen der beweise ist der letzte schuld, wenn er überführt wird, und die galgenhämmerwirte schlagen alle tonk nägel tonk nägel tonk nägel ein a tonk, das gericht ist schon bald fertig gekocht auf dem herd wird die menschensuppe der anthropophagen hungermacher sind die große gefahr, ihr name ist wir wollen krieg, wir wollen tod, wir wollen unsere folterkeller nicht umsonst gebaut haben, schade wäre es ums geld.

7-MINUTE
WARNING

pc
II - 9

Durale halte ist der wurmgenaue stich der fliege auf dem haupte der welt in die eisigen minen der halbsatten juwelen im gummihandschuh ist noch platz für arbeit im untergrund gedeihen die darken gewächse aus cancer und wort, der toppgast im mast sieht die wellen am horizont schrumpfen, den großen abhang wasserfall hinunter stürzen die baumigen stämme aus urwald und grüner wiese wurde rotes feld der schlacht, und die hebammen weinen um die vertane gunst ihres könnens, die kinder zu säugen? den ammen tat es leid um die burschen, tertet terte tretn zert tert zerteretn zu matsch, und der reiter im harnisch hebt die lanze hervor kommt der penis zum panzer heraus ist die kanone nimmersatt für die dauererekten gedanken der monsterärsche ist der muskel trainiert den feinde zu stoßen, die kugel zu wehren, das lager bereiten im nächtlichen wald, am morgen ins fröhliche schlachten zu ziehen, die derte a derte a derte der tod, genug ist es nie wenn gewonnen wird, und die traurigen worte der amme im wind, sie zogen fort, nimmer gehört, nimmer gewollt war ein ende des krieges, denn sommlacher tage, wer bräuchte die schon? das gute hinfort, das weiche entkernt, die harten schalen runden wir ab, schleifen sie blank und erhöhen sie zu wunderwohligem weihnachtswunsch, für alle, für jesu, für dich und für mich.

7-MINUTE WARNING

wn
II - 10

Stude stude studebaker ist der bäcker im hause auch schon angekommen mit dem wissen zu sagen das der teig gedeiht, und ist es eine meinung oder eine untersuchung gewesen die uns das urteil fällen ließ man niemanden gehen auf der torte steckten kerzen im lichte der sonne wirkt der wald so golden im herbst wenn die gänse ziehen die teekannen den duft der nasstrocknen blätter im beutel an, und die stellwerke am bahnhof führen gen nord und süd und ost und west ist der best der best der beste weg für uns alle führt sternförmig nach außen um nicht zu verklumpen nach innen, denn dann fängt es erst richtig an wehzutun und wer würde das schon wollen? und die frachtmaschine hebt ab, der rumpf ist geladen mit den zuckersorten der welt, und die mühle dreht den stein auf dem stein um zu mahlen das korn in säcke wandert der mehltau ist nie unser freund gewesen, und die flachschlitten sausen auf den kränzen aus grün, besonders zur weihnachtszeit ist der anblick schön, und die brachtwerke, sie brachten so viel sie nur konnten, doch schien es niemandem genug, so wurden sie auf die zweite tour geschickt auf dem markt verdient die butterfrau das geld zusammenhalten ist wichtig, nicht nur in der zeit, schon vorher war die not, und die frauen rufen den männern etwas zu, aber irgendwie verstehen sie es nicht, und wenn dem kinde die backe schmerzt, dann war es hoffentlich nur zahnschmerz, und die galgenvögel pfeifen schräge lieder zwischen ihren zahnlücken hervor, doch wie sind sie entstanden?

7-MINUTE
WARNING

dx
II - 11

Dex dex dexi pexi purto perte purto perte pertes der pertes hat herpes und weiß es noch nicht, die strenge wahl der automaten sucht den mensch nach seinen fähigkeiten aus der traum der schönen neuen welt am abgrund der saugenden hörner in die etwas luft geraten muss um einen ton zu erzeugen wir die gewalt ist unser bester freund, nicht der hund, und die beißer beißern sich durch und die schläger schlägern sich durch und der hungrige hungert sich tot und der lkw gegenüber parkt ein, mit weißem dach, aber schnee ist es nicht, sondern lack, denn der schnee von heute morgen ist längst getaut und es war so wenig, dass man ihn ohnehin kaum sah, und die teretter rett rett rette sich wer kann und das zuerst vom königshof nach unten, ist doch klar! und der strenge winter ist wie der heiße sommer, im halben jahr vergessen, und der tütensammler ist froh über die bunte welt der tragbaren einkaufsläden in plastik gelutschter wirklichkeit schmeckt alles nur nach nichts, und die frie frie frie, wie heißen die noch wirklich? ach vergessen, also auch egal, und der sturmwind im glase der sprudelsorten ist ein zuckerfreier erholungstag für den gaumen, wenn´s nur bio ist, und die strattnatter heiden tragen teile zusammen, sie bauen einen neuen gott, den soll es bald geben, wir sind alle schon gespannt und wollen frische gebete üben.

7-MINUTE WARNING

qf
II - 12

Der name ist egal, nur wohlklingend sollte er sein, die wachsfiguren haben recht, stillstand ist luxus und der fortschritt muss nicht sein, der drassende drassende drass ender dass ender dass der drass ist der spaß am freitag zur kirche zu gehen, wenn noch gar nicht offen ist, dann komme alle am liebsten die nix geben wollen kennen wir am längsten sind die nasen der pinocchios immer dann wenn sie wissen schon, die mühe der arbeit ist der stein um stein auf kante gesetzte turmbau zu babel war schon lange her als die ersten kröten wanderten über die straße, denn die fangzäune hatten sie überwunden, sie für barrikaden der revolution gehalten, gestürmt, und waren dann von dreihundertfünfer pelle plattgewalzter matsch, der letzte quak war noch ein fröhlicher, so schnelle kam der tod herangebraust, die sturmwinde nähren das rauschen in den kronen der bäume sind die geister gefangener hexen die auf ihren besen pausierten, und die hexenjäger waren die wahren hexer mit eisernem besen sind beste supermarktpreise in den warenkorb gehext und der schiebetransport der einkaufsware ist der gefangene preis im lot der kellerwände werden die kartoffeln geeicht, und das herz aus wie heißt das zeug noch? alzheimer alzheimer, alz a heim ist der gedanke a fort fort fortgedacht auf nimmerwiedersehen, lebkuchen! heißt es, die herzen aus lebkuchen finden nach haus, getragen um hälse, getragen mit glück, der zahnarzt wird sein geld bekommen, hart wie panzerplatten, das geschossene glück.

7-MINUTE WARNING

rc

II - 13

Turlasser haun ist der derige ferige hauswart sucht immer nach schuldigen ziegeln die auf kinderköpfe zu schlagen gegen die wand! wenn sie nicht tun was wir wollen ist alles okay, und der strummtatte held ist aus eisen gewachsen auf dem sockel aus stein hält er ausschau zum park, und die tauben lieben den schwung seiner nase, den turmhohen helm und das steile schwert ragt zum himmel hinein die wolken zu ritzen denn blut solls regnen blut solls regnen, alle felder werden gelb vom gift des wortes kann man sterben und die hurtigruten sind der weg in den norden, die sternenschmelze bringt die färöer zum sinken, das haupt der waschenden frauen taucht ein in die meere aus schaumiger pracht, der mann zuhause sein brötchen kaut, gebacken, belegt, vergessen am abend, die frühstücksschinken haben nur einen kurzen auftritt zu melden ist nicht viel aus dem raum zwischen butter und wurst geht immer noch was, die letzte honigbiene flattert der pollendrohne voran, die gunst der stunde nutzen die blüten brauchen ihren staub aus liebe, und die frie frie frie kleinen käfer krabbeln im dickicht des rasens umher, schnell durch den graben hinein in das feld, grobe krumen aus lust wachsen dort, krabbel a debbel a krabbel hinab, peepshow hieß das früher, und die grünenden keime heben sich an die ernte von morgen in die lüfte zu tragen haben wir alle am nebelverhangenen tale, zu schmutz ist geworden der helle berg leuchtet nicht länger, die wegmarke aller zeiten vergilbt, die suche nach worten ward eingestellt, hinein in die werkstatt keulen zu drehen, schwerter zu schmieden, fallen mit beißenden zähnen zu bauen, hereinspaziert hereinspaziert, der jahrmarkt der gewalt ist eröffnet.

7-MINUTE
WARNING

OS
II - 14

Starker darker westerjubel, darter darter zu lange ist der fall nach unten schon beobachtet, ohne schirm wirds krachen, deut a deut a deutlicher wird der frenser der senser nicht mehr auf matten aus stroh zu liegen ist eine art der ruhe gewesen, lange bevor die betten knarzten, und die weckerhelle morgenstunde klingelte im ohr, der schlaf rann aus federn, die säume der welten wurden aufeinandergelegt und vernäht, die tagesjoppe lag um schultern, drei tage währte schon der friede, eine maus stieg in ein boot, fuhr den river black hinab, alle ufer, alle brücken, besah sie sich von unten, strandete im mündungsbecken, trug zum glück eine schwimmweste und rief: ich bin die beste! toller dar o toller dargelegte schriftversuche auf dem morgenbrett der tastatur klappert das gemüse beim waschen die meisten mengen an wassertropfen legen sich zusammen, fluss zu sein, hinabzuströmen, der maus nochmal eins auszuwischen, träger, träger packetragen ist der hohe bruttotag genannt, stiefel reiben an der hose, pferde laufen im galopp, turmgehäufte badehosen fliegen ab gen süden, sonnencreme schwimmt im meer, die wellen schlagen höher, donnerbüchse steckt im sand, die düsenflieger starten, sind mit bomben voll beladen, tiefer runter, radar, sichtung, menschen laufen durch den regen, sind's weiche ziele für die bombstrategen.

7-MINUTE
WARNING

wd
II - 15

Jellter jellter jell o jell o pirte ist der was denn? die werbgelobte jubelkeit aus halsbonbon und stuss ist der frachtgeladene heimwerkerking im mantel aus draht sieht man die nackte haut, denn das hemd war gar nicht da, die kramper darssten schlagargumente der gedachten vielfalt im supermarkt ist im garten stehen aber doch die blumen und sie blühten schon im letzten jahr so bleich und die schrecke auf decke im garten liegend sonnt sich mit charme ist da nicht mehr viel zu machen, truppenstarke nachbarschaft will ausgehalten sein, und der flieder blüht, die trauben reifen, saft und wein daraus zu keltern, alle dürste sind gestillt, doch meistens nicht für lang, besonders wenn der weg durch die wüste führt, oase okay, oase okay, wo bist du geblieben? wasseröle strömen aus, gase steigen auf, so wird´s bewölkt, stracken dar hatten dar die kratze auf der haut der erde ist der fingernagel im genick der weisheit liegt ein schal aus wirtschaftsmacht wird uns schon helfen anzukommen, wo auch immer, wenn´s nur immer weiter geht, dann ist der weg gemacht, wohin auch immer, der starter startet again again, der bremser bremst again again, der pfeifer pfeift aus letztem loch, die starrgefürchtet donnerziege rumpelt durch das tor, zu spät zu spät! es die vögel von den ästen singen, sie fliegen auf und waren die letzten die uns lebend gesehen haben im fernsehen starben doch immer nur die andern.

7-MINUTE WARNING

WARNING

ny
II - 16

Real ist der real ist der frohe reale ist der real aus allem gemacht und gebaut und getürmt und der himmel weint bei seinem näherkommen, denn er ist real, und die willkommenen, die schicken wir zurück, denn unser gruß war nur gespielt haben wir mit dem feuer, nicht im ofen, sondern im stroh, und der kluge bahner sitzt im wagen, fährt die strecke öfter mal blieben wir schon stehen, wandten uns um, aber die geister die wir fühlten waren nicht zu sehen, nicht zu messen, nicht zu wiegen, also gab es sie nicht, und die tornister sind schwer wie der schulstoff zu tragen hat der schüler am ehrgeiz der lehrer soll es nicht scheitern, die pferdekoppel kennt den zaun, die schweineweide hat den draht, stacheln sind daran befestigt, den soldaten das marschieren zu erschweren sind die stiefel vernagelt ist uns das fenster nach draußen schauen wir nur bei gutem wetter ist das wandern eine freude ist es euch abkratzen zu sehen, denn dann sind wir die gewinner ist immer der erste, zweite, dritte, der vierte ist vergessen und am arsch kann uns lecken wir die suppenlöffel ab getragen ist der mantel aus holz, denn die wackerhaften termiten sind schneller mit motorrädern und helm, das kennen wir aus zeichentrick, aber haben nie daran geglaubt, denn der glaube muss weichen auf der strecke das nennt man auf dem lebensweg führen acht und neune mal ums vordereck, und die biere werden getrunken, der grünkohl ist ein freund, würste müssen knacken wie die ärsche in jeans, und die brotlose kunst des friedenmachens bekommt den ehrenplatz am tisch, na immerhin, ein manuskript dabei vom peng zu lesen, peng peng peng, es fallen wieder schüsse, noch bevor der frieden sich erhob, erschoss man ihn im sitzen.

7-MINUTE
WARNING

ng
II - 17

Rack tacken dar is racken tacken teck rack tacken dar is rack tacken teck a rack tacken dar is rack tacken teck a tar is tar a teck is tarten tarten tert a tart is darter darter auf dem pfeil a terte ziele tart a tart is dart a dart a darter darter spitz ins auge dart a dart is rack tacken dar is rack tacken teck is rack tacken dar is rack tacken teck is rar is rar is kalt und rack tacken teck is rack tacken dar is rack tacken tert und rar tacken tack is rar tacken teck eins zwo drei versteckt sein is rack tacken teck und rack tacken dar ist der name des spiels und rack tacken teck is rack tacken dar die dar die dar dar dar tacken teck is dauerfeuer im niemandsland gibt´s was zu holen wir alles raus is rack tacken teck is rack tacken dar die dar die dar tacken teck is rack tacken dar is dar is dar is terte is terte is rack tacken tar is rack tacken zahn is rack tacken tier is rack tacken tat is rack tacken teck is rack a tack a tack a tack is rack is rack is rack is tack is tack is rack tacken tat is rack tacken rot is rack tacken dar a rack tacken dar is rack tacken teck is rack tacken dar is rack tacken teck teck teck is rack tacken teck is rack tacken teck teck teck tot.

7-MINUTE
WARNING

cj
II - 18

Streudel teudel am aste hängt er, er der er der er der es ja gewesen war, oder zumindest gewesen sein soll, egal, der strick sieht gut aus! die adern dick, die augen quellen hervor, so sehen echte täter aus, er muss der gewesen sein! die ärmelweste gehört mir, die schuhe sind nun deine, die neue hose ging verloren, nur die socken zieren beine, bein a bein a bein wird alles sein a sein a sein was die vögel von ihm übriglassen, der rest? er wird vergraben, hügel unterm galgenberg, du wächst so hoch hinaus, schlittenfahren geht schon bald, die gnade geht uns aus, aber aber, meine damen und herren, wer wird denn gleich den saal verlassen? an so 'nem bisschen gewalt ist noch niemand gestorben! und der grausige kabelbaum leitet den gewaltstrom durch die stadt, alle häuser leuchten schon, der gehweg bleibt verdunkelt, denn irgendwo muss argwohn hausen, tortenfarbe ist nun schwarz, regenwässer im kanal, die ratten gehen baden, mittelalter käse, so riechen unsere waden, aber stinken tun immer nur die andern, drauß drauß drauß wird so nix a nix a nix, der stift ist spitz wie nachbars lumpi hat in unsern garten gepisst, dafür haben wir ihn geköpft, und das war nett, weil es schnell ging! pluder pludern wir uns auf der hut muss man vor uns nicht sein, wir feiern alle geburtstage und kennen die fastentage aus dem gedächtnis sagen wir auf was uns an euch nicht gefällt und das ist eine menge, und wir haben so schwer zu tragen an dieser quantität ist das einzige was uns blieb, die qualität ist schrott.

7-MINUTE WARNING

bf
II - 19

Messerschmiedenschnelle flüge über flachterraine kurbelwagen, kindermütze ratter ratter baller ball des todes wird getanzt auf straßen und auf wegen ist der held uns schon begegnet, gekommen, uns die hand zu reichen, lächelnd sagt er: ihr seid leichen. alle tage gehen wir aus, alle nächte kehren wir ein, rumpeldonnermondenschein zündet unser dach, aus mordlust machen wir 'nen witz und gedichte reimen sich nicht immer und dann nennen wir sie anders, und der rübengroße unterzahn, er war am stolz gewachsen, hing zur unterlippe raus, einen orden für den schwächsten lärm gibt es immer aus den ecken der zierwasserfische und grauer tau am morgen ist uns ein gelungenes fest zu feiern unsern sieg! und die boote fahren zur see hinaus, ein netz geht mit auf reisen, die fingerhüte blinken hell, im baum da sitzen meisen, trubeldicke ungemeine selbstverlorene güte, wir tragen unsern mantel auf, den neuen in der tüte ist mehr als nur ware, unser leben steckt darin ist es meister und die fliegerwürfel sind gefallen, die panzerkulis schleppend tot, die mauerspechte haben frei, der hammer klingt auf stahl, die wände aller schmieden, sie saugen qualme ein, die zigarettenhände braun, der look ist goldig fein.

7-MINUTE WARNING

pj
II - 20

Starbader keim ist der hohe verlust aus niedergang wird königsmut ist der hochwohlgeborene zum fest der liebe ist der starke regen weniger gern gesehen als schnee am kilimandscharo las ich noch nie war es leichter als heute den floh zu fangen, daran sind schon viele gescheitert, und die hohen wälle aus sand im getriebe längst angekommen ist das knirschen zu hören wenn die räder sich drehen drehen dreh dr dr gar nicht drehen mehr wollen sie haben als sie schon hatten wir nicht schon immer genug davon erzählt ist die geschichte gut ausgegangen wenn wir einfach so nach hause gehen, dann kann uns niemand vorwerfen doch wenigstens dort gewesen zu sein als es geschah nicht mit uns ist es wie mit allen andern, aber der anspruch auf besonderes, der bleibt, und die kunden wehen durch die canyons der fußgängerzone, sandige dünen aus werbewoll zu bilden, und die geschäfte versinken im schlick der preise vom glück aufzufahren in den himmel, das kostet extra, und die weltlichen dinge sind glitzer gla glatt und die bibel ist zu dick um sie zu lesen kommen wir nicht vor feierabend, wenn's dunkel ist, dann holen wir den hoooh heraus und dann geht's ab richtung volle pulle, und die frader frad frader fraden frackträgerschwarzen hutkonstruktionen wackeln beim ficken zu ja ja ja und die fliege am kragen krabbelt die wand hoch geklettert ist der freeclimber lebensmüdigkeit einer ganzen gesellschaft anzeigt und darum sucht sie die zerstörung herbeizuführen, auf dschungeldick verbauten wegen aus kauf, aus nutz und wetterschmutz.

7-MINUTE
WARNING

gb
II - 21

Luck ab luck ab luck abgeben luck ab luck ab luck abgeben luck ab luck ab luck abgeben geht das ohne alles ist es doch zu wenig geworden, der hamster hat die backen voll ist der stapel bis zur decke reicht es zwar, doch gehts noch etwas höher ist besser und weiter ist schlau macht man es am besten mit condom und die gummipuppe schreit um hilfe, der papagei i a dazu, die käfigkinder in den höhlen der gewalt aus heim und statt und friede habt ihr nicht zu erwarten, schlag um schlag, von hart zu harten strafen werden wir den vorzug geben werden wir nichts, nehmen ist unsere stärke, und die fruchtigen bonbons sind die versuchung am tisch, händchen strecken sich aus, bumms, da ham wir euch erwischt, klare kante! richtung grenze ist ein pfahl aus schokolade machen wir uns mehr als die kinderarbeit interessiert profit, sternenwand aus gram, so hoch an den himmel versetzt, denn es sollte für immer ein geheimnis bleiben, nun dreht sich alles um die im orbit gesammelten müllcontainer, wir schossen sie hinauf, denn zu wenig platz gab's noch bei uns ist alles in ordnung, die stimmung ist gut waren wir im letzten jahr, besser müssen wir werden es schon schaffen uns selbst zu zerlegen wie die schweinehälfte im kühlhaus gibt es keinen klimawandel, die haken aus eisen blinkern den tod der fische im eimer sein gilt als schick.

7-MINUTE WARNING

WARNING

ab
II - 22

Staulader heim ist der frühgeleckte stab auf dem felde steht der vogelmann, ein kleiner gewinn für uns wäre schon die hälfte von allem muss reichen wenn man nicht weiter weiß ist die richtung egal, hauptsache voran, und die schnellträgerbeine aus luft gemacht ist der ruf in den wellen aus wind und weiden bauen wir häuser mit ihnen in die höhe zu fliegen, den blick zu richten von oben kommt nur gutes ist getan wenn alle satt werden doch nie, drum können wir ruhig weiterfressen, der gabel wird die erbse schwer, dem löffel tropft der sinn, die viertelpfünder käsestücke passen in kanonen, der weg nach oben führt ins licht, alles andere interessiert uns nicht, a nix a nix a wieder nix geworden mit dem langen reim aus samt und seide schaffen wir die feuerwehrleitern und stellen sie an die wand gehören die komischen käuze, denn mit bohnen geht viel, wenn sie nur dick genug sind, und die helldreisten pferde springen dem reiter davon, hoch über koppelzaun, oxer und sporn in der flanke braucht es nicht, die turmtollen tücher sind aus durchsicht gestärkt ist der wille zum basteln an fliegerbomben mit zeitzündern sehen wir uns satt und datt und dar da is ar is ar is ar dar da, da ist er wieder, der würgeengel schleicht umher, die finger strecken hälse, die kuppen bohren hart, die nägel stechen augen.

7-MINUTE
WARNING

dh
II - 23

Tierlose fenster krabbeln die nacht, da ist was los hinterm rahmen sind die vorhänge zugezogen ist die halbe gemeinde weiß noch was deine letzten worte waren nicht zu überhören, nur verstanden hat sie keiner ist allein sind wir alle noch einmal gut davongekommen bedeutet glück gehabt zu haben, und der große wundervogel breitet seine schwingen aus, trägt uns in seinen krallen fort, das schneegestöber unter uns ist die kälte im feuer bekämpft man mit feuer und der schnee schützt gegen schnee, nur hoch genug müssen wir schaufeln, iglo iglo iglooo ggglllooo, kälte schützt uns gegen kälte, so ist allen geholfen werden kann leider nicht, da sind wir uns einig waren wir nie im leben können wir so weit kommen wie es die flüchtenden tun, grenzen grenzen hinter uns lassen wir alle verlierer, und das fühlt sich gut an.

7-MINUTE WARNING

jh
II - 24

Tulipper haus a mach a mehl ist der teig auch schon fertig wenn der ofen neunzig grad zeigt ist die drehung noch lange nicht perfekt ist was nicht nur gut sondern viel besser ist es zu wissen, dass perfektion nicht alles ist gold was glänzt uns denn da an aus den augen unserer gegenüber heraus gekommen ist bisher nicht viel zu verlieren schien eine gelegenheit zu sein, mitmacher mitmacher, holen wir zwar die äpfel vom baum, birnen mögen wir aber lieber, beeren am allerliebsten sind uns die gazellen in der steppe laufen vor dem hungrigen leoparden davon wird er noch lange nicht satt haben wir ´ne ganze menge auf dem teller ist schön war die zeit, gestern gestern war alles besser? bullshit ist ein wort in englisch unterhalten wir uns alle gern und gut, denn eine gemeinsame sprache zu sprechen ist schon die halbe gunst, auch der frauenanteil wird auf mindestens fünfzig prozent erhöhte gewalt gegen alle, das ist unser eigentliches ziel! und die stoßdämpfer rackern auf feldwegen die windungen auf und ab, der körper wird geschüttelt von steinen, dellen, tieren und löchern, die, wie heißen die noch? vom aussterben sind sie bedroht, da alles glatt und glänze wird, die schlaglöcher sind gemeint und gemein zu unserem rücken laufen schon die kalten zuckungen hinab wenn wir auf das ende sehen, aber im verschließen der augen sind wir noch besser geworden ist es vom tragen der sonnenbrillen bei nacht sehen wir besonders gut aus, und die fahrt nimmt zu, der wind bläst durchs haar, der wagen schlingett gett getter arr gett schlingggert er auf seinem kurs den wir ihm gaben, voran, auf das ende der welt kann nicht mehr weit sein, es muss kurz vor uns liegen, und wer es zuerst erreicht, bekommt den pokal.

7-MINUTE
WARNING

jq
II - 25

Stäjrader haun ist das ist da wer? und die hohen gebirge tauchen am horizont auf, laufen nach links, laufen nach rechts, sind es wilder zwerge mützen unterm sonnenglanz der sternenhimmel welkt im dürren ast das vogelnest, geborgen wie in abrahams schoß und das fest der fei der fei der feierlichkeiten steigt dort wo die clowns rote nasen tragen ist die ernsthaftigkeit im orangen haar zu finden, magere gäule wiehern es schwach zwischen hervorstehenden zähnen heraus, die nüstern rosé, ist die anzahl der rippen leicht zu bestimmen wie finger um finger auf tastatur wandert die lust die schenkel herauf, und der pilzgeschmack am abend zum bier ist die gertenschlanke biegung der rückenwirbel zur salzsäule hin und zum tempel führt der weg hinaus geworfen ist die heiligkeit, dem zahn der zeit hängt eine nervenbahn heraus, und das s bahnschnelle herumgefahrensein ist der trip mit fenster und blick auf die uhr, die strecke schon tausendmal gesehen zieht die landschaft im tramtempo vorüber, die schornsteine puffen den smog, die gänse federn die betten, kälte kühlt den teer in den lungen, und im sommer bekommen wir eis zu weihnachten ist nur halb so schön wie wir sind alle anderen unter den gästen sei gesagt, fuck you! und die holzmuräne mit spickerfei und fett liegt im zitronenduft der sauberen teller der zufriedenheit.

7-MINUTE WARNING

wk
II - 26

Achta achta zum da achter ach a achterdeck hinaus führt der weg zurück ins horizontale der weltsicht sind keine grenzen gesetzt, sei sie auch noch so dämlich, und der geforderten leistung der krankenkasse ist die bibel entgegengesetzte richtung, glauben wir an ufos oder nicht? und die frohen leuchtenden wangen der heiligen auf dem sims an der kirchenwand stehlen allen die show must go on! und striptease helau, der gartenzaun blättert seine farben herab, mücken fliegen herum, benetzen den rasen mit mückenwasser, taufen ihn erst und köpfen ihn dann, den beuteln am gürtel der hosennaht geht die luft aus, der also, also, ich bitte doch um etwas mehr sinn und verstand, es sollte doch zu lesen und zu verstehen bleibt immer noch genug davon bekommen wir einfach nicht, und der frühling solls richten, der mai ist so schön, die zugvögel ziehen die birds und bytes sind längst nicht mehr aufzuhalten, die checker checken die checklisten checks, die listen sind lang, das checken ein spaß für alle die daran gefallen finden, und der kreuzmacher job ist ein schnitzen am glauben an allem was nicht zu sehen ist ein atom auch nicht, und der globber läng und der globber läng und der läng globber längschlag a schlag a zu a zu a hand a schuh mit blei gefüllte faust aufs auge geht immer noch was, hereinspaziert zur hintertür hinaus, durchmarsch durrrchmarrsch, wir brauchen platz für mehr und mehr und mehr ist nie genug, a tramp a tramp a trampolin a hoch hi hoch hi hoch hi sprung pung boing a unten denges daun a bäck a back a bäck a strack dacken daun ist herunterfalle baun.